사회적배척과 심리적 통증

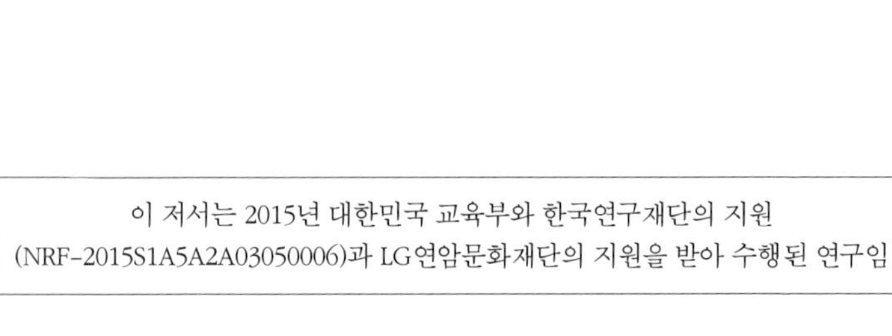
이 저서는 2015년 대한민국 교육부와 한국연구재단의 지원
(NRF-2015S1A5A2A03050006)과 LG연암문화재단의 지원을 받아 수행된 연구임

사회적 배척과 심리적 통증

전우영 저

학지사

서문

사회적 동물인 인간에게 집단에 속해 있다는 것은 생존을 의미하고, 반대로 집단으로부터 배척당해서 혼자 남게 된다는 것은 죽음을 의미한다. 사회적으로 배척당해서 혼자가 된다는 것이 심리적 통증을 유발하는 이유다. 우리 사회에서 발생하고 있는 다수의 사회문제는 구성원들이 경험하는 사회적 배척과 이로 인한 심리적 통증의 문제와 관련되어 있다. 학교나 직장에서 발생하는 사회적 배척의 피해자들이 경험하는 마음의 통증은 극단적인 선택을 유도하고, 한 번도 얼굴을 본 적이 없는 사람들이 온라인상에서 쏟아내는 악성 댓글이 주는 심리적 통증은 지금까지 몇 명의 유명인으로 하여금 스스로 생명을 끊게 했을 정도로 심각하다. 또한, 급격한 고령사회로의 진행과 가족 및 인간관계의 해체로 인해 이 세상에 홀로 남게 되었다고 생각하는 사람들이 증가하고 있다. 따라서 사회적 배척과 이로 인한 심리적 통증에 대한 이해는 우리 사회의 다양한 문제의 본질을 이해하기 위해 필수적이라고 할 수 있다.

이 책에서는 심리학, 특히 사회심리학 분야에서 진행되어 온 사회적 배척 연구의 결과들을 체계적으로 정리하고자 했다. 이를 통해 심리학적인 관점에서 우리 사회가 직면한 다양한 사회문제의 해결에 대한 단서를 찾을 수 있기를 기대한다.

제1장 '사회적 배척의 공포와 소속 욕구'에서는 인간이 가지고 있는 사회적 배척에 대한 근본적인 두려움이 얼마나 강한 것인지, 마음이 아프면 왜 몸이 아픈지, 그리고 사회적으로 연결되기 위해 무의식은 우리에게 어떤 행동을 요구하는지를 알아보았다.

제2장 '사회적 배척과 심리적 통증'에서는 사회적 배척 경험이 유발하는 다양한 심리 및 신체적 기능의 손상에 대해 알아보았다. 구체적으로, 사회적 배척이 지능과 인지 능력, 자기조절, 친사회적 행동, 공격성, 체온, 장내미생물의 조성에 어떤 부정적 영향을 미치는지 알아보았다.

제3장 '심리적 통증 완화 전략'에서는 사회적으로 배척당했

을 때, 사람들이 사회적으로 다시 연결되기 위해서 사용하는 다양한 전략에 대해 알아보았다. 사회적 관계의 회복 또는 새로운 관계의 형성이 쉽지 않을 때 사람들이 어떤 대체 경로를 통해 사회적 연결을 시도하는지 알아보았다. 구체적으로, 돈, 권력, 소비, 따뜻함에 대한 추구가 어떻게 관계를 대체할 수 있는지 알아보았다.

제4장 '배척 없는 사회'에서는 배척 없는 사회를 만들기 위해 우리가 최소한으로 기억해야 하는 것들에 대해 알아보았다. 구체적으로 공감의 격차와 사회 시스템 유발 배척이 심리적 통증과 어떻게 연결될 수 있는지 알아보았다.

부족함이 많지만, 이 책을 통해 심리학적인 관점에서 우리 사회의 배척과 심리적 통증의 문제를 다시 바라볼 수 있게 되기를 희망해 본다. 기쁘게 출판을 결정해 준 학지사에 깊이 감사드린다.

2021년 4월

전우영

차
례

01

사회적 배척의 공포와 소속 욕구

사회적 배척과 심리적 통증

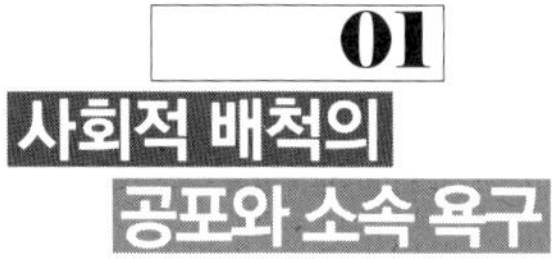

소속 욕구와 생존 가능성

사회적 동물인 인간에게 자신이 속한 집단의 사람들로부터 인정받고 그들과 좋은 관계를 유지하고 싶은 것은 본능에 가까운 욕구다. 집단이 받아들이는 것은 생존을 위해 필수적이기 때문이다. 지금도 마찬가지겠지만, 원시시대의 우리 선조들에게 혼자서 맹수와 자연의 위협을 감당하는 것은 불가능에 가까웠다. 이러한 위험으로부터 개인을 보호할 수 있는 것이 바로 집단이다. 다수를 형성한 집단의 도움으로 개인은 자신보다 더 빠르고 힘이 센 동물을 사냥할 수 있었고, 아이를 양육하는 것이 가능했다(Baumeister & Leary, 1995).

소속은 생존, 배척은 죽음

집단에 속해 있다는 것은 생존을 의미하고, 반대로 집단으로부터 배척당해서 혼자 남게 된다는 것은 죽음을 의미한다. 따라서 집단에 대한 소속 욕구가 강한 개인이 소속 욕구가 약한 개인보다 살아남아서 자신의 유전자를 후대에 전달하는 데 성공했을 가능성이 커진 것이다(Brewer, 2004). 그 결과, 소속 욕구는 자연선택 과정을 통해 후손에게 전달된다. 이는 인간이 사회를 구성하고 문명을 발달시킬 수 있는 가장 기본적인 심리적 토대를 제공한 것이다.

소속 욕구는 외부의 위협을 크게 받지 않는 현대인에게도 필수적이다. 현대를 사는 우리도 생존에 필요한 대부분의 것을 다른 사람에게 의존하고 있다. 옷, 농 · 수 · 축산물, 집, 전기, 수돗물, 자동차와 같은 삶과 생존에 필수적인 거의 모든 것은 타인으로부터 제공된다.

또한, 소속은 생존 이상의 가치를 제공한다. 친구, 가족, 남편, 아내, 학교, 직장, 국가와 같이 우리가 소속되어 있는 집단은 우리에게 사회적 지지를 제공한다. 안정적인 인간관계는 사람들의 행복을 높여 주고 스트레스 사건에 더 잘 대처할 수 있게 하고, 반사회적 행동이나 범죄를 저지를 가능성을 줄여 준다(Baumeister, 1991; Cohen, Sherrod, & Clark, 1986; Sampson & Laub, 1993).

좋은 인간관계는 우리가 성공적으로 삶을 영위하는 데 도움을 주는 것이다. 따라서 당장의 생존과는 무관하더라도 사람들은 타인과 따뜻하고 좋은 관계를 맺고자 한다. 만약, 이런 관계에 문제가 생기면, 사람들은 심리적 통증을 경험한다.

사회적 상처와 신체적 상처

사람들은 자신이 원하는 관계가 단절되거나 관계로부터 배척당했다고 생각할 때 심리적 아픔을 경험한다(Leary & Springer, 2001). 구체적으로, 사랑하는 사람과의 이별, 배신, 의미 있는 타인이나 집단의 외면 혹은 배척은 심리적 통증을 유발한다. 흥미로운 것은, 사회적 배척으로 인해 유발된 심리적 통증이 심리적 차원에서만 멈추지 않는다는 것이다.

심리적 통증은 신체적 통증을 유발한다. 사랑하는 사람과의 이별은 마음만 아프게 하지 않는다. 이별은 두통을 포함해서 다양한 신체 부위에 통증을 일으킨다. 실제로 사회적 배척으로 인해 생긴 심리적 상처는 다양한 신체적 상처를 유발한다. 사회적으로 배척당한 사람들은 혈압이 상승하고(Zadro, Williams, & Richardson, 2004), 코르티솔(cortisol)이라는 스트레스 유발 호르몬이 증가한다(Gunnar & Quevedo, 2007). 심지어는 응급실에 실려 갈 가능성도 증가한다(Webber & Huxley, 2004). 사랑하는 사람과의 사별 이후에 남아 있던 배우자의 사망 확률이 급격하게 증가하는 것은 사별로 인한 마음의 상처가 얼마나 심각한 수준의 신체적 아픔을 유발할 수 있는지를 보여 주는 것이다.

심리적 통증과 신체적 통증 시스템

사회적 관계의 단절 때문에 생긴 마음의 상처가 신체적 통증을 유발하는 이유는 심리적 통증과 신체적 통증을 관장하는 뇌의 부위가 상당 부분 겹치기 때문이다. 최근 연구에 따르면, 사회적인 배척을 당하면 등쪽 전대상회(dorsal anterior cingulate cortex)와 우반구 배쪽 전전두엽 피질(right ventral pre-frontal cortex)이 활성화된다고 한다(Eisenberger, Gable, & Lieberman, 2007; Eisenberger, Lieberman, & Williams, 2003;

Eisenberger, Way, Taylor, Welch, & Lieberman, 2007). 이러한 뇌 영역은 신체적 통증을 경험하도록 만드는 통증 정서 시스템을 담당하는 것으로 알려진 부위다(Rainville, Duncan, Price, Carier, & Bushnell, 1997).

동일한 뇌 부위가 신체적 통증과 심리적 통증 경험을 담당하기 때문에 사회적 관계의 단절이 신체적 통증을 유발하기도 하고(Danziger & Willer, 2005), 반대로 신체적 통증을 완화시키는 약물(예, 타이레놀)을 복용하면 사회적 관계의 문제로 인해 생긴 마음의 통증이 완화되기도 하는 것이다(DeWall et al., 2010).

아픔은 경고 신호다

신체적 통증이란 신체 조직의 손상이 유발한 부정적 감각 및 정서 경험이다(American Pain Society, 1992). 흥미로운 것은 유기체가 싫어하는 부정적 경험인 통증이 유기체를 보호하는 기능을 담당한다는 것이다. 예를 들어, 유기체의 신체가 뜨거운 자극에 노출되면 신체적 통증을 경험하게 된다. 그리고 이 경험은 유기체로 하여금 뜨거운 자극을 경계하고 회피하도록 만든다. 이 과정을 통해 유기체는 화상과 같은 더 위험한 상황으로부터 스스로를 보호할 수 있게 된다. 즉, 신체적 통증은 유기체의 신체에 위협이 있을 때 이를 알리는 경고신호로, 신체를 보호하는 역할을 수행한다고 볼 수 있다.

사회적 배척으로 인한 심리적 통증도 신체적 통증과 마찬가지로 유기체에게 문제가 있다는 경고신호로, 유기체의 생존 가능성을 증가시키는 기능을 수행한다. 즉, 신체적 통증이 유기체의 신체에 문제가 있다는 경고신호라면, 심리적 통증은 유기체의 환경, 특히 유기체의 사회적인 관계에 문제가 발생했다는 경고신호다. 그 결과, 신체적 통증이 유기체로 하여금 위험한 물질 또는 대상으로부터 회피하도록 유도하듯이, 사회적 배척 때문에 경험하는 아픔은 사회적 관계를 단절시키는 상황으로부터 회피하거나 문제를 해결하도록 유기체를 동기화하는 것이다.

사람들이 신체적 통증과 동일한 시스템을 통해서 심리적 통증을 경험할 수 있다는 것은 진화적인 관점에서 보면 매우 적응적이라고 볼 수 있다. 원시시대부터 사람들에게 관계의 단절은 생존과 직결되는 문제였다. 인간은 집단에서 배척되면 생존에 필요한 먹잇감을 사냥하거나 외부 위협으로부터 보호를 받을 수 있는 혜택을 받지 못하였기 때문에 굶주리거나 위험에 노출되어 사망에 이를 가능성이 커진다. 하지만 사회적 배척을 당했을 때 우리의 통증 시스템이 강력한 경고를 보내준 덕분에 사람들은 심리적 통증을 유발한 문제를 해결하고 관계를 회복하기 위해 동기화한다(McClelland, 1987). 따라서 사회적 관계의 단절로 인해 유발된 통증이 신체적 통증을 유발함으로써 사회적 배척 상황에 더 빠르게 대처하도록 만든다는 점에서 심리적 통증을 경험할 수 있다는 것은 유기체가 생존에 매우 필수적인 기제를 가지고 있다는 것을 의미한다(Eisenberger, 2012).

 먹는 것보다 따뜻한 관계가 먼저다

사회적 동물에게 관계는 얼마나 중요한 것일까? 생존을 위해서는 반드시 음식물을 섭취해야 한다. 먹는다는 것은 생존을 위해 필수적인 행동이다. 그렇다면 타인과 좋은 관계를 맺고 자신의 집단이 자신을 받아들이는 것은 음식만큼 중요한 것일까?

이런 질문에 답을 제공할 수 있는 고전적 연구가 바로 Halow(1959)의 대리모 실험이다. 이 연구에서 Halow는 아기 원숭이가 태어나자마자 어미 원숭이와 분리하여 키웠다. 아기 원숭이는 진짜 어미 원숭이 대신 가짜 어미 원숭이가 있는 우리에서

생활하였다. 우리에는 두 가지의 대리모가 있었다. 하나는 철사로 만든 차가운 대리모였으며, 또 다른 하나는 철사로 만든 대리모를 부드러운 벨벳 천으로 감쌌고 그 안에 백열전구를 넣어서 따뜻함을 느낄 수 있게 만들었다.

철사 어미는 차가웠지만, 우유병을 가지고 있었다. 따라서 철사 대리모는 아기 원숭이들이 배고플 때마다 생존에 필요한 음식을 제공할 수 있었다. 반면, 벨벳 대리모는 우유병이 없어서 먹을 것을 제공할 수는 없었다. 하지만 아기 원숭이에게 어미와의 친밀한 관계에서 경험할 수 있는 따뜻함을 줄 수 있었다.

이 연구 결과는 사회적 동물에게 관계가 얼마나 중요한 가치를 지니는 것인지를 극명하게 보여 준다. 실험 결과에 따르면, 아기 원숭이는 벨벳 천으로 만든 대리모를 철사로 만든 대리모보다 더 좋아하는 것으로 나타났다. 철사 어미가 생존에 필수적인 우유를 제공했음에도, 아기 원숭이는 따뜻한 관계를 느낄 수 있게 해 준 벨벳 천으로 만든 대리모에게 더 큰 애정을 느꼈던 것이다.

Halow(1959)의 연구 결과는 유기체가 누군가와 따뜻한 관계를 맺고자 하는 욕구를 가지고 태어날 가능성이 높다는 것을 암시한다. 또한, 관계에 대한 욕구가 생존과 직접적으로 연결되어 있는 음식 섭취에 대한 욕구만큼, 또는 그것보다 더 강할 수도 있다는 것을 보여 준다.

집단에서 혼자가 된다는 것의 공포

사람들은 무의식적으로 다른 사람의 단순 행동을 모방하기도 하고, 자신이 속한 집단의 평균적인 행동에 맞춰서 자신의 행동을 조절하는 경향이 있다. 이러한 행동 경향의 가장 근본적인 이유는 바로 사람들이 자신이 속한 집단이 자신을 받아들이길 원하기 때문이다. 집단에 소속되고 받아들여지기를 원하는 욕구가 얼마나 강한지를 보여 주는 대표적인 연구가 바로, 심리학 분야에서 가장 유명한 연구 중 하나인, Asch(1956)의 선분실험이다.

이 연구에서는 8명의 남성 참여자들이 한데 모여 차례대로 선분의 길이를 맞추는 과제에 참여했다. 두 개의 카드가 제시되는데, 첫 번째 카드에는 하나의 수직선만 제시된다. 두 번째 카드에는 세 개의 수직선이 보기로 제시된다. 참여자들은 첫 번째 카드에 있는 수직선과 길이가 동일한 수직선을 두 번째 카드에 있는 세 개의 선분 중에서 맞추면 되는 것이다. 선분의 길이는 확연하게 차이가 나서 누구나 정답을 맞힐 수 있는 매우 쉬운 과제였다.

이 실험에서 한 명의 진짜 참여자를 제외한 나머지 7명은 실험자로부터 틀린 답을 제시하라고 지시받은 공모자들이었다. 참여자가 실험실에 도착했을 때는 나머지 7명은 먼저 실험실에 도착해서 자리를 차지하고 앉아 있었다. 비어 있는 자리는 7번이라는 번호표가 붙은 자리뿐이었다. 따라서 진짜 참여자는 7번 좌석에 앉았고, 이어서 실험이 시작되었다. 번호표의 순서대로 답을 말하도록 실험이 진행되었다.

처음 두 번은 공모자들도 모두 정답을 말했다. 하지만 3번째 문제부터 공모자들은 오답을 정답이라고 말하기 시작한다. 1번부터 6번까지 모든 참가자(실제로는 공모자)가 첫 번째 카드에 있는 수직선보다 길이가 훨씬 짧은 두 번째 카드에 있는 수직선을 첫 번째 카드에 있는 수직선과 길이가 같다고 말한다.

연구 결과는 이런 상황에서 진짜 참여자가 명백한 정답을 버리고 공모자들이 제시한 오답에 동조하는 경향이 매우 높다는 것을 보여 주었다. 놀라운 것은, Asch의 선분실험의 특징은 정답이 너무 명백해서 혼자서 할 때는 거의 모든 사람이 정답을 맞히는 매우 쉬운 과제라는 것이다. 즉, 참여자들은 틀린 답이라는 것을 알고 있었음에도, 그 자리에서 처음 만난 다른 사람들의 오답에 동조했던 것이다.

7명의 공모자들이 제시한 오답과는 다른 답을 정답이라고 말한다고 해서 참여자의 인생에 문제가 생기는 것도 아니었다. 정답을 말한다고 해서 보복을 당하거나 배척을 당할 일도 없었다. 이들은 서로 모르는 사람들이었고, 실험이 끝난 다음에 공모자들과 다시 만나서 상호작용을 할 것도 아니었다. 즉, 실험실을 나가면 다시 이들을 만날 일은 없었다. 그럼에도 불구하고, 사람들은 자신이 다른 7명과 다른 답을 한다는 것에 두려움을 느낀 것이다. 다른 사람과 다른 의견을 제시한다는 것, 보다 근본적으로는 다른 사람들에게서 떨어져 나간 존재가 될지도 모른다는 것은 사람들에게는 근본적인 공포를 불러일으키는 것이다.

다른 의견, 다른 행동은 사회적 배척의 출발점이 될 수 있다. 따라서 사회적으로 배척받지 않기 위한 가장 단순한 방법은 주변에 있는 사람과는 다른 의견을 제시하거나 다른 행동을 하지 않는 것이다. 그 결과, 집단으로부터 배척되지 않고자 하는 동기는 매우 명백한 오답을 제시하는 다수의 의견과 다른 의견을 제시하는 것을 어렵게 만드는 것이다.

사회적으로 배척당하지 않고자 하는 동기는 거의 본능에 가까운 강력한 욕구다. 따라서 사람들은 자신의 인생에 아무 관련이 없는 사람들로부터도 배척당하고 싶지 않은 것이다. 그 결과, 실험이 종료되면 더 이상 만나지도 않을 사람들의 오답에 동의하는 일이 발생하는 것이다.

사회적 연결을 위한 무의식적 행동

가장 미묘하지만 단순한 형태로 나타나는 소속과 수용에 대한 욕구는 바로 단순 모방행동이다. 모방행동은 가장 미묘한 형태의 동조로, 다른 사람의 행동과 움직임을 무의식적으로 따라 하는 것이다.

Chartrand와 Bargh의 연구에서는 진짜 참여자가 과제를 수행하고 있는 동안에 실험참여자로 위장한 공모자의 행동을 변화시켰다(Chartrand & Bargh, 1999). 공모자는 과제를 수행하면서 자기 다리를 반복적으로 떨거나 자기 코를 반복적으로 문질렀다. 결과에 따르면, 공모자가 코를 문질렀던 조건에서는 참여자의 코 문지르기 빈도가 다리 떨기 빈도보다 더 많아졌다. 반대로, 공모자가 다리를 떨었던 조건에서는 참여자의 다리 떨기 빈도가 코 문지르기 빈도보다 더 많았던 것으로 나타났다. 흥미로운 것은, 진짜 참여자는 자신이 공모자의 행동을 따라 했다는 사실을 전혀 자각하지 못했다는 것이다. 자신도 모르는 사이에 무의식적으로 타인의 단순 행동을 따라 했던 것이다.

사람들이 타인의 행동을 지각하기만 해도 이 행동을 자동적으로 모방하는 것은 거울뉴런이 존재하기 때문이다. 타인의 행동을 관찰하기만 해도 자신이 실제로 그 행동을 했을 때와 마찬가지로 흥분하는 거울뉴런은 우리가 타인의 행동을 보다 입체적으로 경험할 수 있게 만들어 준다(Iacoboni et al., 1999; Iacobon, 2005). 즉, 타인의 행동을 단순히 관찰하기만 했음에도 불구하고, 이를 자신이 실제로 수행했을 때처럼 경험할 수 있는 것이다. 따라서 거울뉴런 덕분에 우리는 훨씬 더 쉽게 타인의 행동을 그 사람의 관점에서 이해할 수 있는 것이다. 거울뉴런의 존재는 우리가 공감할 수 있는 능력을 갖추고 태어난다는 것을 의미한다.

인간이 타인의 행동에 공감할 수 있는 기제를 가지고 태어났다는 것은 공감이 우리의 생존에 그만큼 필수적이라는 것을 의미한다. 상대방의 목표, 욕구, 소망, 행동 의도를 이해할 수 있을 때 그 사람이 앞으로 어떻게 행동할지 예측하는 게 가능하다. 공감능력은 예측의 정확성을 증가시키고, 이를 토대로 미래를 대비하는 것을 가능하게 한다. 하지만 동시에 공감은 상대방을 그 사람의 입장에서 이해하도록 만든다. 즉, 상대방을 이해하고 상대방의 편이 될 가능성을 증가시키는 것이다.

단순 모방은 상대방을 이해하고 공감하려는 무의식적 행동이다. 상대방의 행동을 단순히 관찰하는 것보다는 실제로 똑같이 따라 하면 상대방이 이 행동을 통해서 무엇을 경험하고 있는지 보다 구체적으로 이해하는 것이 가능해진다. 따라서 단순 모방행동은 상대방을 이해하려는 무의식적 행동이면서 동시에 상대방에게 "나는 지금 당신을 이해하려고 노력하는 중이다"라는 신호를 보내는 것이기도 하다.

 배척할 가능성이 낮다는 신호

나를 이해하고 나의 의도에 공감하는 사람은 집단에서 나를 배척할 가능성이 낮은 사람이다. 또한, 다른 구성원이 나를 배척하려고 할 때, 나를 지켜 줄 가능성이 높은 사람이기도 하다. 사람들은 자신을 이해해 주려 하고 자신을 배척할 가능성이 낮은 사람에게 호감을 갖게 된다. 따라서 단순 모방은 모방을 당한 사람이 자신을 모방한 사람에 대한 호감을 커지게 만든다.

Bailenson과 Yee(2005)는 실험참여자와 가상현실 공간의 '아바타'가 상호작용하는 상황에서 아바타가 참여자의 행동을 모방하도록 조작하였다. 모방 조건에서는 컴퓨터 화면 속의 아바타가 실험참여자의 머리 움직임을 정확히 4초 후에 모방하도록 했다. 반면, 비모방 조건의 아바타는 실험참여자의 머리 움직임과 다르게 반응하였다.

참여자는 자신의 움직임이 아바타에 의해 모방되고 있다는 사실을 전혀 의식하지 못한 것으로 드러났다. 하지만 자신의 행동을 지연모방한 아바타를 더 좋아했고 오래 쳐다보았다. 이러한 결과는 비생명체와의 상호작용에서도 사람들은 자신의 행동을 모방해 주는 대상에게 무의식적으로 호감을 느끼게 되는 경향이 있다는 것을 보여 준다. 즉, 모방을 당한 사람은 자신을 모방한 대상에게 호감을 느끼게 되는 것이다.

팁을 더 많이 주는 이유

일상생활에서 타인의 행동을 반복적으로 모방하는 직업을 가진 사람들이 있는데, 그들은 바로 고객의 주문을 받는 사람들이다. 예를 들어, "따뜻한 카푸치노, 한 잔 주세요."라고 주문하면, "따뜻한 카푸치노, 한 잔이요."라고 고객의 주문을 반복하는 것이다. 만약 모방행동이 모방당하는 사람에게 모방하는 상대에 대한 호감을 증가시킨다면, 현실세계에서 우리가 실제로 경험하는 이러한 모방행동이 주문을 받는 사람에 대한 호감을 증가시키고, 더 나아가, 이러한 호감이 상대에 대한 호의적인 행동으로 이어질 수도 있을까?

van Baaren 등은 식당에서 종업원의 언어적 모방을 경험한 손님이 종업원을 위해 더 많은 팁을 주는지 알아보았다(van Baaren, Holland, Steenaert, & van Knippenberg, 2003). 손님이 식당에 들어오게 되면 종업원은 자리를 안내하고 주문을 받았는데, 이때 손님의 주문 내용을 반복하는 방식으로 모방했다. 비모방 조건에서는 손님의 주문을 이해했다는 표시로 오케이 사인을 보냈다. 식사를 모두 마친 손님들이 두고 간 팁의 양을 측정한 결과, 모방당했던 참여자들이 그렇지 않은 참여자들보다 68%나 더 많은 팁을 두고 간 것으로 나타났다.

Tanner 등의 연구에서는 언어적 모방을 하지 않고, 단순히 자세만을 모방하더라도 소비자들은 기꺼이 상대가 원하는 방식대로 행동할 가능성이 크다는 것을 보여 준다(Tanner, Chartrand, & van Baaren, 2006). 이들은 실험참여자에게 많은 양의 설문에 응답하도록 하였다. 참여자가 설문에 응답하는 동안 실험진행자는 참여자의 자세를 모방하거나 혹은 반대 자세를 취했다. 설문이 끝난 후, 실험진행자는 참여자에게 새로운 이온음료를 원하는 만큼 맛보고 평가해 달라고 요청하였다. 결과에 따르면, 진행자가 참여자의 자세를 그대로 모방한 조건에서, 반대 자세를 취한 조건보다, 참여자들이 이온음료를 더 많이 마셨고, 구매할 의도를 더 강하게 나타냈다. 진행자가 참여자의 자세를 모방하면 참여자는 진행자가 원하는 행동을 더 적극적으로 했던 것이다.

사람들은 자신의 행동을 따라한 사람, 즉 자신의 단순한 행동을 모방한 사람을 더 좋아하고, 그 사람이 원하는 행동을 기꺼이 할 준비가 되어 있는 것처럼 보인다. 그 이유는 단순 모방이 상대방을 이해하고 공감하려는 무의식적 행동이기 때문이다.

나를 이해하려고 하는 사람은 나를 집단에서 배척할 가능성이 낮고, 오히려 나를 배척으로부터 지켜 줄 가능성이 높은 사람이다. 따라서 나를 모방한다는 것은 나를 배척하지 않는다는 것이고, 내가 집단에서 계속 받아들여지고 생존하기 위해서는 이런 사람을 잘 지켜야 하는 것이다.

사람들은 자신을 배척하지 않고 지켜 줄 가능성이 높다는 신호를 보내는 사람에게 호감을 갖고, 그 사람이 원하는 행동을 하게 된다. 놀랍게도, 공감신호와 이에 대한 반응은 유기체의 생존과 밀접하게 관련된 것이기 때문에 이러한 과정은 매우 자동적으로, 그리고 무의식적 수준에서 진행된다.

02

사회적 배척과 심리적 통증

사회적 배척과 심리적 통증

02
사회적 배척과 심리적 통증

사회적 배척은 인간에게 매우 치명적인 상처를 유발한다. 혼자가 된다는 것에 대한 본능적인 공포를 가지고 태어난 사람들에게 실제로 사회적 관계에서 배제된다는 것은 다양한 심리적 · 신체적 상처와 통증을 유발한다. 또한, 사회적 배척으로 유발된 심리적 통증은, 개인이 다시 집단에 소속되기 위해 필요한 능력과 동기를 손상시킴으로써 사회적 재연결의 가능성을 낮추는 악순환의 고리를 형성할 수 있다.

사회적 배척은 개인의 지능과 인지 능력을 떨어뜨리고 자기조절에 실패할 가능성을 증가시킨다. 또한, 친사회적 행동을 감소시키는 반면, 공격성을 증가시킨다. 사회적 배척은 우리의 체온을 떨어뜨리는 등 우리의 몸에도 변화를 야기한다. 또한, 최근 들어 우리의 마음에 큰 영향을 미치는 것으로 알려진 장내미생물의 조성을 변화시키기도 한다. 특히, 우리의 몸과 마음에 좋은 영향을 미치는 유익균을 감소시킨다. 따라서 사회적 배척은 우리의 마음과 몸에 전체적이고 근본적인 영향을 미친다.

사회적 배척과 인지 능력

사회적으로 배척된다는 것은 우리의 인지 능력에 어떤 영향을 줄까? 이 질문에는 몇 개의 서로 대립하는 주장이 존재한다. 우선 사회적 배척이 지적 능력을 증진한다는 가설이다. 복잡한 세상에서 살아남기 위해서는 효과적으로 의사결정하고 주어진 문제를 해결할 수 있는 지적 능력이 필요하다. 그런데 우리가 사회나 집단에 속해 있으면, 개인이 직접 모든 문제를 해결하지 않아도 된다. 집단에 이러한 의사결정과 문제해결을 위임하는 것이 가능하기 때문이다.

하지만 사회적으로 배척되면 더 이상 의사결정과 문제해결을 집단이 대신 해 주지 않는다. 따라서 집단에 속해 있을 때보다 사회적으로 배척되어서 홀로 남았을 때 개인의 지적 능력이 더 필요하고, 더 효과적으로 발휘되어야 한다. 그 결과, 사회적 배척으로 인해 홀로 남게 된 개인의 지적 능력이 증가할 것이라고 예상하는 것이다.

인지적 손상 가설과 지능

사회적 배척은, 반대로 인지적 기능에 상처를 입힐 수도 있다. 인지적 손상 가설(cognitive impairment hypothesis)은 사회적 배척은 지적 능력을 떨어뜨릴 것이라고 주장한다. 이 관점에 따르면, 인류에게 고도의 지능이 필요한 이유는 인간관계의 문제에 효과적으로 대처하기 위해서라는 것이다.

인간의 지능은 기술적인 문제를 해결하고 과학적인 진보를 위해 필요하지만, 보다 근본적으로, 인간의 지능은 사회생활을 위해 존재한다. 인간의 지능은 복잡한 인간관계에서 발생하는 다양한 문제를 해결하기 위해서 발달하였다는 것이다. 따라서 사회적 배척 때문에 다른 사람들과의 상호작용의 필요성이 사라지면, 고도의 인지기능의 필요성도 감소한다는 것이다. 그 결과, 홀로 남게 되었을 때, 지적 능력이 감소할 것이라고 예상한다.

심리학 연구에서 사회적 배척을 실험실에서 조작하기 위해 사용하는 다양한 방법이 있는데, 가장 대표적인 방법은 참여자들에게 앞으로 사회적 배척이 진행되어서 미래에는 사람들이 다 떠나고 결국 홀로 남게 될 것이라는 거짓 피드백을 제공하는 것이다. 이러한 조작을 이용한 Baumeister 등(2002)의 연구에서는 미래에 자신이 사회적으로 배척될 것이라는 피드백을 받고 난 후에 사람들의 지능이 크게 떨어지는 것으로 나타났다. 구체적으로, 이 연구에서는 참여자들을 대상으로 성격검사를 하고, 이를 토대로 거짓 피드백을 제공하였다. 실험자가 제공하는 피드백의 내용을 참여자들이 진실한 것으로 받아들이게 하려고 성격검사에 포함되었던 진짜 외향성 검사의 결과를 토대로 개인의 외향성의 정도에 대한 정확한 피드백을 먼저 제공하였다. 그런 다음에 참여자들은 실험 조건에 따라 다른 종류의 거짓 피드백을 제공받았다.

사회적 배척 조건의 참여자들에게는 성격검사의 결과 사회적으로 배척된 상태로 인생의 많은 기간을 홀로 남게 될 것이라는 거짓 피드백을 제공하였다. 물론 현재는 다양한 친구와 성공적인 관계를 맺고 있을 수 있지만, 이는 발달 단계상 현재의 시기가 친구가 가장 많을 때라서 그런 것이고, 시간이 지나면 현재의 인간관계는 모두 붕괴되고 결국 홀로 남은 인생을 살아가게 될 것이라고 알려 주었다.

소속 조건의 참여자들에게는 성격검사의 결과 미래에 사람들과 좋은 인간관계를 유지하는 삶을 살게 될 것이라는 거짓 피드백을 제공하였다. 배우자와의 관계는 안정적이고 장기적으로 유지되고, 친구와의 우정도 오래 지속될 것이라고 알려 주었다.

마지막으로, 불행 조건에서는 인생 후반기에 신체적으로 큰 사고를 당할 가능성이 높다는 거짓 피드백을 제공하였다. 뼈가 부러지거나 응급실에 실려 갈 정도로 큰 사고가 일어날 것이라고 알려 주었다. 불행 조건에서는 사회적 배척은 아니지만 이와 동등한 정도로 부정적이고 혐오스러운 사건이 일어날 가능성이 크다고 알려 준 것이다. 불행 조건은 사회적 배척 조건의 결과가 사회적 배척 때문인지 아니면 단지 부정적인 내용의 피드백 때문에 나타난 것인지를 확인하기 위해 만든 비교조건이었다.

미래에 참여자들에게 발생할 사건(사회적 배척, 소속, 또는 불행)을 조작한 다음에, 참여자들의 지능을 검사했다. 결과에 따르면, 사회적 배척 조건의 참여자들이 소속이나 불행조건의 참여자들보다 지능검사에서 정답을 맞힌 개수가 적은 것으로 나타났다. 또한 사회적 배척 조건의 참여자들은 풀려고 시도했던 문제의 수도 적은 것으로 나타났다.

사회적 배척과 추론 능력

사회생활에 가장 중요한 인지적 능력은 추론과 판단 능력이다. 주어진 정보를 토대로 정확한 추론을 할 수 있고 합리적인 판단을 할 수 있어야 개인이 원하는 목표를 성취할 가능성이 커진다. Baumeister 등(2002)은 미국의 대학원 입학시험인 GRE의 문제를 이용해서 사회적 배척이 추론능력에 미치는 영향에 대해 알아보았다.

결과에 따르면, 쉬운 문제를 풀 때는 사회적 배척 조건의 참여자들과 다른 조건(소속, 불행)의 참여자들 간의 수행에 차이가 없는 것으로 나타났다. 하지만 문제가 어려웠을 때는, 소속이나 불행 조건과 비교하였을 때, 사회적 배척 피드백을 받았던 참여자들의 수행이 떨어진 것으로 나타났다. 즉, 미래에 사회적 배척을 받아서 홀로 남은 인생을 살게 될 것이라는 피드백은 쉬운 과제를 수행할 때는 문제를 야기하지 않았지만, 어려운 과제를 수행할 때 인지적 손상을 유발한 것으로 나타났다.

사회적 배척이 단순과제 수행에는 영향을 미치지 않았지만, 복잡하고 어려운 과제의 수행에는 악영향을 미친다는 결과는 과제의 종류를 다르게 하였을 때에도 발견되었다. 즉, 추가적인 연구에서, 단순한 기억과제의 경우에는 사회적 배척으로 인한 인지적 손상이 일어나지 않았지만, 깊이 있는 사고와 추론이 필요한 경우에는 사회적 배척이 상당한 인지적 손상을 유발한 것으로 나타났다.

사회적 배척이 지능을 포함한 인지적인 능력에 손상을 입히는 이유 중 하나는 사회적 배척이 사람들이 가지고 있는 인지적인 자원을 감소시키기 때문이다. 사회적 배척은 심리적 통증을 유발하는데, 사람들은 이를 통제하기 위해서 자신이 가지고 있는 인지적 자원을 사용하게 된다. 문제는 사람들이 가지고 있는 인지적 자원이 무한하지 않다는 것이다. 따라서 하나의 문제를 해결하기 위해 자신이 가지고 있는 인지적 자원을 소모하면, 다른 문제를 해결하기 위해 필요한 인지적 자원이 부족해지거나 바닥날 수 있다.

사회적 배척으로 인해 유발된 심리적 통증을 완화하고, 자신이 경험하고 있는 아픔을 다른 사람들에게 들키지 않기 위해서 억누르는 전략을 사용할 경우에, 인지적 자원은 심리적 통증을 억누르고 완화하는 데 소모된다. 단순과제는 거의 자동적으로 처리되기 때문에 문제해결에 인지적 자원이 거의 필요치 않다. 하지만 복잡한 과제는 상당한 수준의 깊이 있는 처리가 이루어져야 성공할 수 있는데, 이를 위해서는 많은 인지적 자원이 필요하다. 따라서 자동적으로 처리할 수 있는 단순과제의 경우에는 사회적 배척이 인지적 자원을 고갈시켜도 해결 가능하지만, 신중하고 깊이 있는 처리가 필요한 복잡하고 어려운 과제의 경우에는 사회적 배척으로 인한 인지적 자원의 고갈이 과제 수행을 손상시킬 수 있다는 것이다.

사회적 배척은 사소한 문제해결과 의사결정에는 문제를 일으키지 않는다. 하지만 우리 인생에 매우 중요한 문제해결과 의사결정에는 큰 문제를 야기할 수 있다. 사회적 배척으로 인해 유발된 심리적 통증은 인지적 손상을 유발하고, 이는 우리 인생의 중요하고 결정적인 판단과 의사결정에 악영향을 미칠 수 있다는 것이다.

사회적 배척과 자기조절

한 집단의 구성원으로 인정받고 수용되기 위해서는 집단이 요구하는 기준을 통과해야 한다. 집단의 검증 기준을 통과하기 위해서는 어려움을 참고 극복하는 과정이 요구된다. 이런 검증 과정은 상당히 오랜 시간에 걸쳐 진행된다. 진정한 집단 성원으로 인정받기 위해서는 특정 상황에서 어떻게 행동하는 것이 적절한지 배워야 하고 집단이 만들어 놓은 문화와 예절을 습득해야 한다. 다양한 유형의 사람들과 좋은 관계를 유지하고 다수로부터 좋은 평판을 받아야 한다. 이러한 과정을 성공적으로 통과하기 위해서는 자신의 본능적이고 이기적인 욕구를 통제하고 조절할 수 있어야 한다.

자신이 속한 집단에서 배척당하지 않고 수용되고 인정받기 위해서는 자신이 원하는 대로 행동해서는 안 된다. 집단 구성원들이 원하는 것이 무엇인지 파악하고, 자신의 욕구를 이에 맞춰 적절히 조절할 줄 알아야 한다. 자신이 아무리 원하는 행동이라고 할지라도 다른 집단 구성원들이 용납하지 않는다면, 자신의 욕구를 억누르고 집단이 허용하는 다른 방식으로 표출할 줄 알아야 한다. 따라서 집단에 수용되고 인정받기 위해서는 자기조절 능력이 필수적이다.

집단에 소속되기 위해서는 자기조절이 필요하고, 자기조절을 잘 할 줄 알아야 한다. 그렇다면 사회적으로 배척되면 자기조절 능력에는 어떤 변화가 생기게 될까?

집단에서 배척당했을 때, 자기조절을 더 잘 해야 집단이 다시 받아들일 가능성이 높아진다. 따라서 사회적 배척을 당한 사람의 자기조절 능력이 향상되어야 집단과 다시 연결될 수 있고, 이를 통해 인간의 기본적인 욕구인 소속 욕구의 충족이 가능해진다. 이런 관점에 따르면 사회적 배척을 경험할 때 자기조절 능력은 사회적 배척을 당하기 전보다 더 좋아져야 한다.

사회적 배척이 자기조절 능력을 향상시키기보다는 떨어뜨릴 수도 있다. 사회가 구성원에게 가장 중요하게 조절하기를 요구하는 욕구는 공격성이다. 공격성은 거의 모든 사회에서, 그리고 거의 모든 상황에서 표출이 금지된 욕구다. 하지만 사회적 배척과 공격성에 대한 연구들은 사회적 배척이 공격성을 증가시킨다는 것을 보여 준다(Buckley, Winkel, & Leary, 2004; Twenge, Baumeister, Tice, & Stucke, 2001). 이는 사회적 배척이 자기조절을 약화시킨 것이다.

사랑하는 사람으로부터 버림받거나 사랑하는 사람이 세상을 떠난 후에 약물에 빠지거나 심지어 자살에 이르는 사례도 사회적으로 홀로 남는다는 것이 자기조절을 방해할 수 있다는 것을 보여 준다.

사회적 배척은 자기조절 능력을 향상시켜서 집단이 다시 받아들일 수 있도록 개인의 자기조절 능력을 향상시킬 것인가? 아니면, 자기조절 능력에 손상을 입혀서 집단과의 재연결을 더 어렵게 만들 것인가?

 암묵적 계약 가설

사람들은 집단에 소속됨으로써 생존하고, 자식을 양육할 수 있다. 즉, 자신의 욕구를 조절함으로써 집단이 제공하는 혜택을 누릴 수 있는 것이다. 하지만 인간은 이기적인 본능도 가지고 있다. 집단이 정한 규칙에 따라 자신의 욕구를 조절해야 하는 상황과 자신의 이기적 본능을 따르고자 하는 욕구는 서로 다른 방향으로 나아가라고 개인에게 명령한다. 따라서 자기조절 목표와 이기적 본능은 서로 충돌할 수밖에 없다.

이러한 갈등상황을 해결하기 위해서 우리의 내부에서는 암묵적 계약(implicit bargain)이 이루어진다(Baumeister, DeWall, Ciarocco, & Twenge, 2005). 즉, 자신의 이기적 본능을 집단생활에 문제가 생기지 않도록 조절하고, 대신 집단 소속이 가져다주는 다양한 혜택을 받겠다는 심리적 계약이 개인의 내부에서 이루어진다는 것이다.

이러한 암묵적 계약은 개인이 자기조절에 대한 약속을 지키고 집단이 약속한 혜택을 제공해 줄 때 성공적으로 유지될 수 있다. 하지만 둘 중 하나의 약속이 지켜지지 않으면 암묵적 계약은 파기될 수 있다.

암묵적 계약은 자기조절 실패에 의해서 깨질 수 있다. 본능적 욕구를 조절하거나 통제하는 데 실패한 개인에게 집단은 더 이상 혜택을 제공하지 않는다. 자기조절에 실패한 사람은 집단으로부터 배척당한다. 또한 자기조절을 하지 못하면 친구를 잃고 이혼할 가능성도 높아진다. 범죄를 저지르는 것과 같은 극단적인 자기조절 실패의 경우에는 사회가 구성원에게 제공하는 거의 모든 혜택을 박탈한다.

암묵적 계약은 사회가 약속했던 혜택을 제공하지 않을 때에도 깨질 수 있다. 사회적 배척은 사회가 약속을 파기했다는 것을 의미한다. 따라서 사회적 배척을 경험한 개인은 더 이상 자기조절을 통해 자신의 본능적 욕구를 억누를 필요가 없어진다. 즉, 사회적 배척은 배척당한 개인으로 하여금 자신의 욕구를 조절하고 통제하려는 동기를 약화시킨다. 그 결과, 자기조절을 하지 않게 된다는 것이다. 사회적 배척이 타인들과의 관계를 개선하는 데 도움이 될 수 있는 친사회적 행동을 감소시킨다는 연구 결과(Twenge, Baumeister, DeWall, Ciarocco, & Bartels, 2007)는 사회적 배척이 관계 개선에 대한 동기를 약화시킬 가능성이 있다는 것을 보여 준다.

사회적 배척과 인지적 자원의 고갈

사회적 배척이 자기조절을 약화시키는 이유에 대한 또 다른 설명은 인지적 관점에서 찾을 수 있다. 자기조절은 본능적이고 이기적인 욕구를 통제할 수 있을 때 성공할 수 있는 과제다. 따라서 자기조절에는 개인이 가지고 있는 인지적 자원 또는 에너지가 소모된다. 그런데 개인이 가지고 있는 인지적 자원은 제한되어 있다. 특정 과제를 해결하는 데 인지적 자원이 모두 소모되면, 다음에 수행하게 되는 자기조절 과제에서 조절에 실패할 가능성이 커진다.

만약 사회적 배척이 야기한 심리적 통증을 관리하는 데 개인이 가지고 있는 인지적 자원이 소모되면, 다른 차원의 자기조절에 사용할 수 있는 인지적 자원이 바닥난다. 그 결과, 자기조절에 실패할 가능성이 커지는 것이다. 즉, 사회적 배척이 인지적 손상(cognitive impairment)을 야기하고, 그 결과 자기조절이 어려워진다는 것이다. 사회적 배척이 추론능력과 같은 복잡한 인지기능을 방해한다는 연구 결과(Baumeister, Twenge, & Nuss, 2002)는 사회적 배척이 개인이 가지고 있는 인지적 자원을 고갈시킬 가능성이 크다는 것을 보여 준다.

따라서 인지적 손상 가설에 따르면, 사회적 배척이 자기조절을 약화시키는 것은 자기조절에 대한 동기를 약화시켰기 때문이 아니다. 자기조절에 대한 동기를 가지고 있음에도, 자기조절에 필요한 인지적 자원이 바닥났기 때문에 자기조절에 실패할 수 있다는 것이다.

사회적 배척과 섭식 조절

Baumeister 등(2005)의 연구에서는 다양한 자기조절 과제를 이용해서 사회적 배척이 자기조절에 미치는 영향에 대해 확인했다. 자기조절에 성공하기 위해서는 원하지 않는 것을 해야 할 필요가 있다. 이들의 실험 1에서는 식초가 들어가서 맛은 없지만 건강에는 좋은 음료를 마시는 과제를 주었다. 원하지 않는 것을 먹어야 하는 조절과제였다. 결과에 따르면, 사회적 배척을 경험한 참여자들은 소속을 경험한 참여자들보다 건강에 좋은 식초 음료를 다른 비교조건에 비해 덜 마신 것으로 나타났다.

자기조절에 성공하기 위해서는 원하는 것을 하지 않는 것도 필요하다. Baumeister 등(2005)의 실험 2에서는 맛은 좋지만 건강과 체중관리에는 좋지 않은 초콜릿 칩 쿠키를 먹을 기회를 주었다. 원하는 것을 참아야 하는 조절과제였다. 결과에 따르면, 사회적 배척을 경험한 참여자들은 소속을 경험한 참여자들보다 건강에 안 좋은 쿠키를 더 많이 먹은 것으로 나타났다. 사회적 배척이 자기조절을 약화시킨 것이다. 두 개의 연구 결과는 사회적 배척이 두 가지 다른 방식의 자기조절을 모두 방해한다는 것을 보여 준다. 즉, 사회적 배척은 원하지 않는 것을 하는 자기조절과 반대로 원하는 것을 하지 않는 자기조절 모두를 방해한 것이다.

인센티브와 자기자각: 동기의 역할

이중청취과제를 이용한 실험에서 Baumeister 등(2005)은 참여자들의 오른쪽 귀에는 정치 이슈에 대한 이야기를 들려주었고, 왼쪽 귀에는 일련의 단어를 들려주었다. 참여자의 과제는 오른쪽 귀에서 들리는 정치 관련 내용은 무시하고 왼쪽 귀에 자신의 주의를 집중하는 것이었다. 참여자들은 왼쪽 귀에 들리는 단어 중에 m또는 p가 들어가 있는 단어가 들리면 기록해야 했다. 이를 통해 참여자들이 얼마나 주의 조절에 성공하는지를 확인하는 것이다.

결과에 따르면, 사회적 배척을 경험한 참여자들이 사회적 소속을 경험하거나 또는 불행 조건의 참여자들보다 정확하게 맞힌 단어의 수가 적었다. 즉, 사회적 배척이 주의 조절을 방해한 것이다. 흥미로운 것은, 정답을 맞히면 현금을 지급해서 자기조절 동기를 증가시킨 경우에는 사회적 배척을 경험한 참여자들의 수행이 사회적 수용을 경험한 참여자들의 수행 수준으로 회복되었다는 것이다.

또한, 이중청취과제를 수행하는 책상에 거울을 놓아서 참여자들의 자기자각(self-awareness) 수준을 높인 경우에도 사회적 배척을 경험한 참여자들의 수행이 사회적 수용을 경험한 참여자들의 수행 수준으로 회복되었다. 자기자각은 자신의 현재 상태를 사회가 요구하는 기준 또는 자신의 이상적 기준과 비교하도록 유도한다(Carver & Scheire, 1981). 따라서 거울을 마주하면서 증가한 자기자각 수준이 사회적 배척을 경험한 사람들에게 더 집중해서 이중청취과제를 수행하도록 만든 것이다.

현실사회에서 소수집단 구성원들은 다수집단에 의해 배척되는 경우가 많다. 미국 사회에서 흑인에 대한 백인의 차별은 현실사회에서 관찰할 수 있는 가장 전형적인 사회적 배척이라고 할 수 있다. Baumeister 등(2005)의 연구는 이러한 사회적 배척이 소수집단 구성원의 자기조절 실패에 큰 책임이 있다는 것을 보여 준다. 자기조절의 실패는 학교에서의 부적응, 약물 중독, 범죄, 그리고 자살 가능성을 증가시킬 수 있다. 소수집단 성원에 대한 다수의 배척이 소수집단 성원의 자기조절 능력과 동기를 약화시키고, 자기조절 능력의 약화가 다시 다양한 사회문제를 야기하는 악순환을 유발할 수 있다는 것이다.

이러한 연구 결과들은 사회적 배척으로 인해 약화된 자기조절 능력을 향상시킬 수 있는 희망이 남아 있다는 것을 보여 준다. 사회적으로 배척당한 사람들도 현금 인센티브가 제공되거나 자기자각의 기회가 주어지자, 자기조절에 다시 성공하는 모습을 보여 주었다.

사회적 배척은 여전히 인지적 손상을 유발해서 자기조절에 필요한 인지적 자원을 소모시킬 수 있다. 하지만, 인지적 능력이 작동을 멈추거나 인지적 자원이 완전히 바닥난 상태가 아니라면, 배척당한 구성원의 자기조절 동기를 증진시킬 수 있는 방법을 찾을 수 있다. 사회적 배척의 피해자에게 동기를 부여함으로써 다시 자기조절에 성공하는 구성원으로 복귀시킬 수 있다는 것이다.

사회적 배척과 친사회적 행동

사회적으로 배척당하면 사람들은 새로운 사회적 관계를 원한다. 즉, 기존의 관계가 소속 욕구를 충족시켜 주지 못할 때, 이 욕구를 충족시켜 줄 수 있는 새로운 관계가 필요한 것이다. 따라서 집단에 소속되고 사람들로부터 받아들여지기 위해서는 타인들에 의해서 긍정적으로 평가받을 수 있도록 행동해야 한다. 친사회적 행동은 타인들로부터, 즉 내가 속한 집단으로부터 긍정적인 평가를 받기 위한 가장 효과적인 행동 중 하나다. 따라서 사회적 배척은 친사회적 행동을 증가시킬 것이라고 예상할 수 있다.

하지만 다수의 연구는 이러한 예상과는 달리 사회적 배척을 당한 사람들이 친사회적 행동을 할 가능성이 떨어진다는 것을 보여 준다. 친구들에게 배척당했던 아이들은 배척당한 경험이 없는 아이들보다 친사회적 행동을 더 적게 하는 것으로 나타났다(Gest, Graham-Bermann, & Hartup, 2001). 또한, 자신이 사회적으로 많이 배척받고 있다고 생각할수록 친사회적 행동을 할 가능성이 낮아졌다(Schonert-Reichl, 1999). 사회적으로 지지를 받지 못하고 어른들의 도움을 받기 어려운 환경에서 생활하는 아동이나 청소년들도 친사회적 행동을 할 가능성이 낮은 것으로 나타났다(Romig & Bakken, 1992). 성인들의 경우에도 단독 생활을 하는 사람들이 파트너가 있는 기혼자들보다 타인을 돕는 데 더 적은 시간을 할애하고(Dyer, 1980), 안전 운전을 하는 경향도 낮은 것으로 나타났다(Richman, 1985).

사회적 배척이 친사회적 행동을 감소시키는 이유에 대한 설명은 크게 두 가지를 들 수 있다. 하나는 동기적 설명이다. 사회적 배척 경험이 자신이 속해 있는 집단이 자신을 지켜 줄 것이라는 믿음을 손상시키고, 그 결과 친사회적으로 행동하고자 하는 동기를 감소시킨다는 것이다. 다른 이유는 인지적인 설명이다. 사회적 배척이 주는 충격이 타인의 어려움이나 아픔에 공감할 수 있는 인지적인 능력을 떨어뜨리기 때문에 친사회적 행동을 하는 것이 어려워진다는 것이다.

친사회적 행동이 주는 이득

친사회적 행동은 나보다는 타인에게 도움을 주는 행동이다.

수술에 필요한 혈액이 긴급하게 필요하다는 공지를 보고 병원으로 달려가는 행동처럼 친사회적 행동은 자신보다는 타인에게 직접적으로 도움이 되는 행동이다. 친사회적 행동을 하는 사람은 추가로 비용을 지불해야 하기도 하고, 심지어는 위험에 처할 수도 있다. 불우이웃 돕기에 성금을 내기 위해서는 자신의 돈을 지불해야 하고, 지하철 선로에 쓰러진 사람을 구하기 위해서는 자신의 목숨을 걸어야 한다.

자신에게 위험과 손실이 발생할 가능성이 높음에도, 친사회적 행동을 비이성적이거나 비합리적인 행동이라고 간주할 수 없는 것은 친사회적 행동이 개인에게 눈에 보이지 않는 상당한 이득을 제공하기 때문이다. 구체적으로, 개인은 친사회적 행동을 통해 집단에 소속되고 집단의 존경을 받을 수 있다. 소속 욕구가 인간의 기본적인 본능이고, 소속을 통해 우리에게 필요한 많은 것을 획득할 수 있다는 것을 감안한다면, 친사회적 행동은 개인에게 장기적으로 상당한 이득을 제공해 주는 행동이라고 볼 수 있다.

사람들은 사회적인 집단 속에서, 그 사회의 문화가 제시하는 규범의 틀 안에서, 타인과 함께 살아간다. 그런데 거의 모든 문화는 구성원들에게 친사회적인 행동을 장려하고, 심지어는 요구한다. 왜냐하면, 친사회적 행동이 사회를 지속시키는 데 크게 기여하기 때문이다. 즉, 이기적인 행동은 사회를 갈등과 분열로 이끌 가능성이 높지만, 친사회적 행동은 사회의 응집성을 높여서 사회의 지속가능성을 증가시킨다.

사회가 요구하는 친사회적인 행동을 하면, 이에 대한 보상으로 사회는 개인에게 집단으로부터의 인정과 소속이라는 보상을 제공한다. 그렇다면 집단에 대한 소속 욕구가 위협받게 되면 어떤 일이 발생할까?

신뢰의 손상

친사회적 행동이 개인에게 보상을 가져다줄 때까지는 상당한 시간이 소요된다. 현재의 친사회적 행동은 시간이 흐르고 나서 나중에야 보상을 받게 되는 경우가 많다. 즉, 현재의 친사회적 행동이 소속과 인정이라는 형태의 보상으로 실현되는 데까지는 상당한 시간이 걸린다. 따라서 친사회적 행동과 보상의 관계는 만족지연 과제와 매우 유사하다. 현재의 이기적 행동을 통해 즉각적이지만 상대적으로 작은 보상을 선택하든지, 아니면 친사회적 행동을 통해 먼 미래의 보다 큰 보상을 선택해야 하는 것이다.

나의 행동이 오랜 시간이 흐른 다음에 보상받는다는 것을 알고도 친사회적 행동을 선택한다는 것은 자신이 속한 집단 또는 사회에 대한 신뢰가 있다는 것을 의미한다. 시간이 걸리겠지만 언젠가는 보상을 해 줄 것이라는 신뢰가 당장 자신에게 이득이 없음에도 친사회적 행동을 하게 만드는 것이다. 따라서 친사회적 행동은 자신이 속한 사회의 구성원들이 서로를 돕고, 응원하고, 사랑하는 공동체의 일부라는 신뢰에 기초한다.

그렇기 때문에 사회적으로 배척당한 경험은 공동체가 자신을 보호해 줄 것이라는 기본적인 믿음을 제거한다. 만약 미래에 공동체로부터 보상받을 가능성이 없다고 생각하면, 당장의 개인적 손해를 감수하면서 타인에게 이득이 되는 친사회적 행동을 해야 할 필요가 없다. 따라서 사회적으로 배척당해서 미래에 더 이상 집단으로부터 소속과 인정이라는 보상을 받을 수 없을 것이라고 생각하면, 친사회적 행동에 대한 의지가 감소할 것이다. 즉, 사회적 배척이 친사회적 행동에 대한 동기를 감소시키는 것이다.

공감능력의 손상

사회적 배척이 친사회적으로 행동하고자 하는 동기를 감소시키지 않아도 친사회적 행동에 영향을 미칠 수 있다. 한 가지 가능성은 사회적 배척이 친사회적 행동에 필요한 내적인 능력을 손상시킬 수 있다는 것이다. 친구가 많지 않은 아이들은 도덕적인 추론이나 공감 민감성 등, 친사회적인 행동에 필요한 주요 능력이 부족한 것으로 나타났다(Schonert-Reichl, 1999). 또한, 사회적 지원이 부족한 아이들은 타인의 애매모호한 행동을 공격적이라고 해석하는 경향이 높았다(Anan & Barnett, 1999). 즉, 타인을 공감하고 이해하는 능력의 부족이 배척과 친사회적 행동 사이의 중요한 연결고리가 될 수 있다.

신체적인 상처는 통증을 유발함으로써 유기체에게 신체적인 상처에 신속하게 대처할 수 있게 만든다. 따라서 신체적 통증은 유기체의 생존에 기능적인 역할을 하는 것이다. 하지만 유기체의 응급조치로는 해결될 수 없을 정도로 큰 신체적 손상으로 인해 유발되는 극심한 통증이 장기간 지속된다면, 이는 오히려 유기체의 적절한 대응과 적응을 방해할 수 있다. 따라서 큰 신체적 부상을 당하면, 오히려 통증에 무감각해지는 경우가 있다.

흥미로운 것은 사회적 배척으로 인해 유발된 심리적 통증도 고통에 대한 민감도를 떨어뜨릴 수 있다는 것이다. 연구들은 사회적 배척이 동물을 고통에 무뎌지게 한다는 것을 발견하였고(MacDonald & Leary, 2005), 인간을 대상으로 한 실험연구 또한 배척이 고통에 대한 민감성과 정서적 반응을 감소시킨다는 것을 보고하였다(DeWall & Baumeister, 2006).

공감적 염려의 역할

Twenge 등(2007)의 연구에서는 거짓 피드백 조작을 이용해서 참여자들을 사회적 배척, 수용, 불행 조건에 할당하였다. 그런 다음에, 참여자들은 한 학생이 진심으로 사랑했던 사람과 헤어지고 난 후에 겪는 어려움에 대해 기술한 에세이를 읽었다. 그리고 참여자들은 자신이 이 에세이 작성자에게 공감하는 정도를 확인하는 문항에 답했다. 그다음 참여자들에게는 실험 참여에 대한 보상으로 25센트짜리 동전 8개를 주었다.

실험이 모두 종료되었다고 알려 준 다음에, 참여자들에게 예상치 못한 위기에 직면한 학부생들을 위한 위기학생기금을 조성하기 위해 기금을 모으고 있는데 원하면 책상 위에 있는 기금함에 기부할 수 있다고 알려 주었다.

결과에 따르면, 사회적 배척 조건의 참여자들이 다른 조건의 참여자들보다 더 적은 액수를 기부하였고, 사랑한 사람과 헤어진 다른 학생의 고통에 덜 공감하는 것으로 나타났다. 이 연구의 가장 중요한 발견은, 사회적 배척이 친사회적 행동에 미치는 영향이 공감적 염려에 의해 매개되었다는 것이다. 즉, 사회적 배척 경험이 타인에 대한 공감적 염려를 낮추었기 때문에 친사회적 행동이 감소하였다는 것이다.

공감은 도움행동을 비롯한 다른 친사회적인 행동들의 중요한 매개체 역할을 한다. 타인의 아픔에 공감하고 걱정하는 마음이 들어야 타인에게 도움을 주는 친사회적 행동이 가능하다. 그런데 사회적 배척을 당했을 때, 이로 인해 유발된 통증을 감소시키기 위해 개인의 정서 시스템이 작동을 멈출 수 있다는 것이다.

무감각은 극심한 통증을 경감시킴으로써 개인이 사회적 배척으로 인해 유발된 아픔을 딛고 다시 일어설 수 있게 만드는 순기능이 있다. 하지만 타인의 아픔에 공감하지 못하면, 친사회적인 행동을 할 가능성은 줄어드는 것이다. 문제는 집단이 구성원들에게 원하는 친사회적 행동의 감소는, 다시 집단에 의해 배척받을 가능성을 증가시키는 악순환을 유발할 수 있다는 것이다.

사회적 배척과 공격성

사회적 배척과 공격성 또는 공격적 행동의 표출 간에는 밀접한 관계가 있다. 우선, 공격적으로 행동하거나 폭력적인 성향이 강한 사람은 사회적으로 배척될 가능성이 높다. 공격적으로 행동하는 아동은 친구가 적고 또래집단에서도 구성원으로 받아들일 가능성이 낮다. 공격적인 사람은 배우자로서의 매력이 떨어진다. 따라서 공격성이 높으면 장기간의 안정적이고 수용적인 관계를 맺기가 어려워진다.

높은 수준의 공격성과 폭력성을 가진 사람과 함께 있으면 다양한 종류의 골치 아픈 문제에 휘말릴 가능성이 커진다. 따라서 사람들은 쉽게 폭력을 행사하는 사람, 즉 트러블메이커와 함께 있기를 원하지 않는다. 개인이 가지고 있는 높은 공격성 또는 폭력성이 사회적 배척을 야기하는 것이다. 공격성이 원인이 되고 사회적 배척이 결과가 될 수 있다는 것은 명백한 사실이다.

궁금한 것은 사회적 배척과 공격성 관계의 방향성이 완전히 반대일 수도 있는가 하는 것이다. 즉, 사회적 배척이 공격 행동을 야기할 수도 있을까? 미국의 중·고등학교에서 발생한 총기 난사 사건의 거의 모든 범인은 학교에서 따돌림을 당하거나 괴롭힘을 당했던 것으로 나타났다(Leary, Kowalski, Smith, & Phillips, 2003). 또한, 사회에서 물리적 폭력을 행사하는 사람들은 가족, 친구, 또는 사회에서 배척당한 젊은 남성인 경우가 대부분이다(Garbarino, 1999). 이러한 발견들은 사회적으로 배척당한 것이 폭력의 원인이 될 수도 있다는 것을 보여 준다. 그렇다면 왜 사회적 배척이 공격성을 증가시키는 것일까?

하나의 가능성은 사회적 배척이 개인이 억제하고 있던 공격성을 더 이상 억제할 필요가 없다고 생각하도록 만들기 때문이다. 사람들은 집단에 소속되어 있을 때 생존 가능성이 증가하고 자신의 유전자를 가진 자식을 안전하게 키울 수 있기 때문에 사회가 요구하는 규칙을 따르고, 사회에 소속되고 인정받기를 원한다. 이를 위해 개인이 가지고 있는 이기적이고 본능적인 충동을 억제하는 것이다. 하지만 사회가 자신을 배척하는 순간 이러한 충동을 억제할 필요성이 사라지게 된다. 즉, 사회가 자신을 배척하면 사회가 요구한 규칙을 준수할 필요가 없고, 자신이 힘겹게 억눌렀던 충동을 더 이상 억제할 필요성도 사라진다.

자존감에 대한 도발

Twenge 등(2001)의 실험 1에서는 실험참여자들에게 사회적 배척을 경험하게 한 다음에, 자존심에 상처를 줄 수 있는 피드백을 제공하였다. 참여자에게는 옆방에 있는 다른 학생 한 명과 함께 실험에 참여한다고 알려 주었는데, 실제로 옆방에는 아무도 없었다. 옆방 학생의 의견이라고 알려 준 것은 실제로는 실험자에 의해 실험 조건에 따라 미리 정해진 것이었다.

참여자들에게는 옆방 학생과 낙태 이슈에 대한 의견을 에세이로 작성해서 서로 평가한다고 알려 주었다. 참여자에게 낙태에 대한 찬반입장을 먼저 정하고, 에세이를 작성하라고 요청하였다. 참여자가 에세이를 작성하면, 옆방 학생이 작성하였다고 알려 준 에세이를 주고 평가하게 하였다. 실험자는 참여자의 찬반입장을 확인하고, 옆방 학생이 쓴 에세이를 제시했다. 이 에세이는 실험자가 미리 준비한 것으로 항상 참여자의 입장과는 정반대되는 입장으로 작성된 에세이이다. 그다음 옆방 학생이 참여자의 에세이에 대해 평가한 의견서를 참여자에게 보여 주었다.

긍정적 피드백 조건에서는 에세이의 수준이 높고, 생각이 잘 정리되어 있고, 설득력도 높다는 의견과 함께 “매우 우수

한 에세이"라는 옆방 학생의 평가가 제공되었다. 하지만 부정적 피드백 조건에서는 에세이의 수준이 낮고, 생각이 잘 정리되지 않았고, 설득력도 없다는 의견과 함께 "읽어 본 것들 중에 최악의 에세이"라는 옆방 학생의 평가가 제시되었다. 따라서 부정적 피드백은 참여자의 자존감에 대한 일종의 도발이었다.

마지막으로, 참여자들에게 옆방 학생이 심리학과 연구조교에 지원했는데, 지금 조교 지원자들이 많아서 경쟁률이 매우 높다고 알려 주었다. 그래서 학과에서 여러 사람으로부터 평가를 받고 있는데, 옆방 학생을 평가해 달라고 부탁했다. 참여자에게 옆방 학생에게 공격성을 표출할 기회를 준 것이다. 참여자는 옆방 학생이 원하는 연구조교가 되지 못하도록 평가서에 자신의 공격성을 드러낼 수 있었다.

참여자들은 사회적 배척을 경험한 상태에서 옆방 학생으로부터 부정적 피드백을 받았을 때, 옆방 학생을 가장 부정적으로 평가한 것으로 나타났다. 사회적 배척 후 부정적 피드백 제공 조건에서, 다른 비교 조건들(사회적 수용 후 부정적 피드백 제공 조건, 불행한 사고 후 부정적 피드백 제공 조건, 부정적 피드백만 제공한 조건)보다 자신을 모욕하고 도발한 사람에게 더 공격적으로 행동한 것이다.

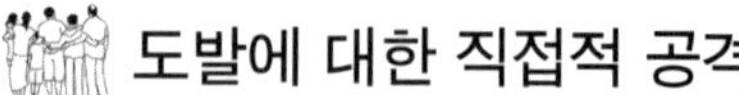

도발에 대한 직접적 공격

조고 평가서 작성을 통해서 상대가 원하는 것을 갖지 못하도록 방해하는 행위는 간접적이고 사회적인 공격행동이다. Twenge 등(2001)은 보다 직접적이고 물리적인 공격행동도 사회적 배척에 의해 증가하는지 알아보고자 하였다. 이를 위해, 실험 4에서는 상대방에게 이어폰을 통해 혐오스러운 강력한 소음을 제공할 수 있게 하였다. 참여자는 처벌 수단으로 소음의 강도와 지속 시간을 결정할 수 있었다. 참여자들은 사회적 배척을 경험한 후에 자신과 함께 컴퓨터 게임을 하게 될 상대방으로부터 참여자가 작성한 에세이에 대한 부정적이고 도발적인 피드백을 제공받았다. 그런 다음, 컴퓨터 게임이 시작되고, 참여자는 첫 번째 라운드에서 승리하도록 미리 만들어졌다. 이 게임에서 승자는 패자에게 소음폭탄으로 처벌을 내릴 수 있었다. 즉, 참여자의 공격성을 상대방에게 드러낼 수 있는 기회와 도구가 주어진 것이다. 참여자가 상대에게 가한 소음폭탄의 강도와 지속시간이 공격행동의 측정치였다. 결과에 따르면, 사회적 배척을 경험한 사람들이 소속 조건의 참여자들보다 자신을 모욕한 상대방에게 더 강한 소음폭탄을 준 것으로 나타났다.

공격성의 일반화

마지막 실험 5에서 연구자들은 사회적 배척 경험이 공격성에 미치는 영향이 자신을 직접적으로 모욕하거나 도발한 당사자가 아니라 주변의 모든 사람에게 일반화되어서 나타나는지 확인하고자 하였다. 이를 위해 참여자의 에세이에 대한 부정적 피드백을 제공하지 않았다. 즉, 사회적 배척은 있었지만, 모욕과 도발은 없었다.

사회적 배척 조작을 한 다음에 참여자들에게는 사회적 배척을 한 사람들과는 전혀 무관한 개인과 컴퓨터 게임을 하도록 했다. 이 게임은 이전 실험에서처럼 소음폭탄을 이용해 상대방을 처벌할 수 있는 게임이었다. 결과에 따르면, 사회적 배척 조건의 참여자들이 소속 조건의 참여자들보다 상대방에 더 강한 소음을 더 오랫동안 제시한 것으로 나타났다. 즉, 사회적으로 배척당한 사람들은 자신을 배척하지도 않고 자신을 모욕하거나 도발하지도 않은 무고한 사람에게도 공격성을 드러낸 것이다.

실험 5의 결과는 사회적 배척으로 인해 증가한 공격성이 자신을 배척하거나 자신을 모욕하고 도발한 당사자에 대한 보복을 목적으로 하고 있는 것이 아니라는 것을 보여 준다. 사회적 배척으로 인해 유발된 공격성은 무고한 사람을 희생자로 만들 수도 있다는 것이다.

사회적 배척이 일어나고 있는 사회에서 산다는 것은 자신이 직접 사회적 배척의 가해자가 아니고 자신이 직접 사회적 배척을 당한 사람과 갈등을 빚지 않아도, 사회적 배척으로 인해 증가된 공격성과 폭력의 피해자가 될 수 있다는 것을 보여 준다.

사회적 배척과 체온

사회심리학의 최근 연구들은 사회적 관계의 단절로 인해 경험하게 되는 심리적 통증이 우리의 마음뿐만 아니라 몸을 춥게 만들 수 있다는 것을 보여 준다. 한 연구에서는 사회적으로 배척당했던 사건을 회상한 참여자들이 수용되었던 사건을 회상한 사람들보다 실험실의 실내 온도를 더 낮게 지각하는 것으로 나타났다(Zhong & Leonardelli, 2008). 즉, 혼자 남겨졌다는 생각이 추위를 느끼는 것과 같은 경험을 하게 만든 것이다.

사회적 배척으로 인해 유발된 심리적 통증은 단지 춥다는 주관적인 느낌에만 영향을 미치는 것이 아니라 실제로 몸의 체온을 떨어뜨리기도 한다. IJzerman, Gallucci, Pouw, Weiβgerber, Van Doesum, 그리고 Williams(2012)의 연구에서는 실험참여자들이 실험실에 도착하면 먼저 주로 사용하지 않는 쪽 손(예, 오른 손 잡이의 경우에는 왼손)의 검지에 체온 측정 장치를 부착했다. 그러고 난 다음에 컴퓨터 화면에 제시되는 인지심리학과 행동주의의 역사에 대한 글을 읽었다. 사회적 배척과는 무관한 과제를 수행하였던 것이다. 연구자들은 이 때 측정된 체온을 비교기준으로 설정하였다.

비교기준이 될 체온이 측정된 다음에 학생들은 '사이버볼(Cyberball)' 게임(Williams, Cheung, & Choi, 2000)에 참여하였다. 사이버볼 게임은 사회적 배척을 실험적으로 조작하기 위해 사용되는 게임이다. 이 게임은 컴퓨터 화면에 등장하는 세 사람의 아이콘을 통해 세 명이 서로 공을 주고받는 게임이다. 한 명이 자신이 원하는 사람에게 공을 던지면, 공을 받은 사람이 자신이 원하는 사람에게 공을 던지는 방식으로 게임이 진행된다.

실험참여자에게는 다른 방에 있는 두 명의 실험참여자가 이 게임에 참여한다고 설명했지만, 실제로는 컴퓨터 프로그램에 의해서 화면에 나오는 나머지 두 명의 참여자의 행동이 결정되도록 만들어진 게임이다. 수용 조건의 참여자에게는 다른 두 명이 계속 패스를 하였다. 얼굴을 알지 못하는 사람들과의 사이버볼 게임에 수용된 것이다. 하지만 배척 조건의 참여자들에게는 처음 2번의 패스가 주어진 이후에 전혀 패스가 가지 않았다. 다른 두 명이 자기들끼리만 패스를 주고받다가 게임이 끝나고 만다.

사이버볼 게임을 하고 있는 동안 검지에 부착된 측정기를 통해서 약 15초마다 한번씩 24번에 걸쳐서 체온을 측정하였다. 결과에 따르면, 배척 조건의 참여자들의 체온은 실험이 진행되면서 점점 낮아진 것으로 드러났다. 하지만 수용 조건의 참여자들의 체온에는 변화가 없었다. 그 결과, 배척 조건 참여자들의 체온과 수용 조건 참여자들의 체온의 차이는 시간이 지날수록 커진 것으로 나타났다. 이러한 연구 결과는 사회적 배척으로 인해 경험하게 되는 사회적 통증은 우리의 몸을 싸늘하게 만들 정도로 신체에 확실한 신호를 보낸다는 것을 보여 준다.

사회적 배척과 장내미생물

최근의 과학적 진보는 우리의 신체는 나뿐만 아니라 수많은 생명체가 함께 거주하는 공간이라는 사실을 밝혀냈다. 사람의 몸을 구성하는 세포의 수는 약 10조 개다. 하지만 우리 몸에 거주하는 미생물의 수는 이보다 10배나 많은 약 100조 개에 달하는 것으로 알려졌다(Qin et al., 2010). 이 중 대부분은 장내에 거주하는 박테리아다.

흥미로운 것은 이 박테리아들의 생태계인 장내미생물총(Microbiome)이 우리의 마음에 영향을 미친다는 것이다(Collin, Surette, & Bercik, 2012). 제2의 뇌(the second brain)로도 불리는 장(gut)에서는 마치 뇌가 하듯이 신경전달물질(예, GABA, serotonin, norepinephrine, dopamine, acetylcholine, melatonin)을 생산하고, 또한 신경전달물질에 반응한다(Lyte, 2011). 예를 들어, 장내 박테리아는 우리의 신체에서 사용하는 세로토닌(serotonin)의 약 95%를 생산한다. 장내 박테리아에 의해서

만들어진 세로토닌은 위장 활동에도 영향을 미칠 뿐만 아니라 우리의 기분에도 영향을 미친다. 즉, 장내 박테리아에 의해 생산된 신경전달물질이 우리의 마음에 영향을 미치는 것이다.

장과 뇌 사이의 의사소통은 장-뇌 축(gut-brain axis)이라고 불리는 장과 뇌 사이의 신경, 호르몬, 그리고 면역체계를 포괄하는 의사소통 체계를 통해 이루어지는 것으로 보인다(Mayer, 2011). 장-뇌 축은 양방향으로 서로 영향을 주고받는다. 따라서 뇌의 변화가 장에 영향을 미치고, 장의 변화가 뇌에 영향을 미칠 수 있는 것이다.

뇌의 변화, 즉 마음의 변화는 장에 영향을 미쳐서 장내미생물총을 변화시킨다. 마음의 변화 중에서 특히 장내 유익균에 부정적인 영향을 미치는 것은 스트레스다. Bailey 등(2011)의 연구에서는 공격적인 생쥐와 같은 우리를 사용함으로써 스트레스에 노출된 생쥐는 장내 유익균은 감소하고 장내미생물의 다양성이 감소하는 반면, 장내 유해균은 증가한 것으로 나타났다.

이러한 결과는 인간을 대상으로 한 연구에서도 발견된다. Knowles, Nelson, 그리고 Palombo(2008)의 연구에서는 스트레스에 노출되는 시험 기간 동안에 수집된 대학생들의 대변 샘플에서는 학업 스트레스가 상대적으로 적은 학기 시작 주에 수집된 대변 샘플보다 Lactobacilli가 더 적게 발견된 것으로 나타났다. 이러한 결과는 인간의 경우에도 스트레스는 장내미생물의 생태계에 변화를 주고, 특히 유익균을 감소시킨다는 것을 보여 준다.

Kim 등의 연구(2001)에서는 사회적 배척을 경험한 사람들이 배척 경험이 없었던 사람들보다 불안의 정도가 높은 것으로 나타났다. 또한, 사회적 배척 경험은 장내미생물 조성에도 영향을 미친 것으로 나타났다. 분석 결과, 사회적 배척을 경험한 사람들에게서 유익균인 페칼리박테리움(Faecalibacterium)의 상대적인 빈도가 낮아진 것으로 나타났다. 또한, 배척 경험의 강도가 심할수록 페칼리박테리움의 상대적인 풍부도는 낮아진 것으로 나타났다. 페칼리박테리움은 우울증 환자들에게서 상대적으로 빈도가 줄어드는 것으로 알려진 장내미생물이다(Jiang et al., 2015). 따라서 이 연구 결과는 사회적 배척이 우리의 마음(불안)에 영향을 미치고, 이는 장내미생물의 변화로 이어진다는 것을 보여 준다.

03

심리적 통증 완화 전략

사회적 배척과 심리적 통증

사회적 재연결 추구

사회적 관계의 단절로 인해 경험하게 되는 통증은 사람들로 하여금 자신의 사회적 관계를 회복하도록 동기화시킨다. 사회적 재연결 가설(social reconnection hypothesis)에 따르면, 사회적 관계의 상실이나 손상은 인간의 기본적인 욕구인 소속 욕구를 위협하기 때문에 배척을 경험한 사람들이 다른 사람들과 재연결을 추구한다는 것이다(Maner, DeWall, Baumeister,

& Schaller, 2007). 즉, 사회적으로 배척당한 사람은 다시 집단에 소속될 수 있는 기회를 찾기 위해 동기화하는 것이다.

집단에 재소속되기 위한 동기는 소속 가능성과 밀접하게 연결된 단서에 주의를 두도록 만든다. Gardner, Pickett, 그리고 Brewer(2000)의 연구는 집단으로부터 배척당한 사람들이 사회적 관계와 관련된 단서에 더 민감하게 반응한다는 것을 보여 준다. 집단에서 배척(vs. 수용)받은 참여자들은 개인적 단서(예: 혼자 산책했다)보다 인간관계와 관련된 단서(예: 친구와 함께 산책했다)를 더 잘 기억하는 것으로 나타났다. 이러한 결과는 마치 배고플 때 배고픔의 욕구를 충족시켜 줄 수 있는 수단인 음식과 관련된 자극에 더 빨리 반응하는 것처럼 배척을 경험한 사람들은 자신에게 유발된 소속 욕구를 충족시켜 줄 수 있는 인간관계와 관련된 단서에 더 민감하게 반응한다는 것을 보여 준다.

또한, 관계로부터 배척을 경험한 사람들은 다른 사람들의 의견에 더 크게 동조하거나(Williams, Cheung, & Choi, 2000; Williams, Govan, Croker, Tynan, Cruickshank, & Lam, 2002), 타인의 요구를 더 쉽게 들어주는 경향이 있는 것으로 나타났다(Carter-Sowell, Chen, & Williams, 2008). 이러한 행동은 사회적 관계로부터 배척당한 사람들이 기존의 관계와 다시 연결되기를 원한다는 것을 보여 준다. 사회적 배척을 당한 사람들은 배척 이전의 상태로 관계를 복구하기 위해 동기화하는 것이다.

재연결을 위한 단순 모방

사람들과의 관계를 회복하기 위한 시도는 단순 모방행동과 같은 매우 미묘한 형태로 나타나기도 한다. 무의식적으로 상대방의 표정이나 행동을 단순 모방하는 것은 관계를 호의적으로 만드는 데 도움을 준다(Lakin & Chartrand, 2005). 따라서 배척당해서 다시 사람들과 재연결되고 싶은 욕구가 생긴 사람은 무의식적으로 상대방의 행동을 단순 모방할 가능성이 있다.

Lakin, Chartrand, 그리고 Arkin(2008)의 연구에서는 배척을 경험한 참여자들이 비교 조건의 참여자들보다 새로 만난 상대방의 행동(예: 다리떨기)을 무의식적으로 모방하는 정도가 더 높은 것으로 나타났다. 이러한 결과는 사회적 배척을 당한 사람들이 타인과의 유대감 형성에 도움이 되는 행동을 무의식적으로, 그리고 자동적으로 한다는 것을 보여 준다.

배척 예방 행동

배척받을 가능성이 크다는 위협을 감지하면, 실제로 배척이 발생하지 않아도, 사람들은 배척의 가능성을 줄이고 소속의 가능성을 증가시키기 위해 행동한다. Derfler-Rozin, Pillutla 그리고 Thau(2010)는 참여자들에게 집단으로부터 배척받을 수 있다는 정보를 알려 줌으로써 배척 가능성을 조작하였다. 비교 조건의 참여자들에게는 배척과 무관한 부정적인 정보만을 알려 주었다. 그러고 난 다음에 자신을 배척할 가능성이 있는 대상에 대한 행동을 확인하였다.

실험 결과에 따르면, 부정적인 정보만 제공된 비교조건에 비해 배척 위협에 관한 정보를 제공받은 조건의 참여자들은 자신을 배척할 가능성이 있는 잠재적인 가해자에게 더 우호적인 방식으로 행동하는 것으로 나타났다. 즉, 사람들은 배척이 발생할 가능성이 있다는 것을 탐지했을 때, 자신을 향한 배척이 발생하지 않도록 미연에 방지하기 위해 동기화하는 것이다.

사회적 재연결의 대체 경로 1: 돈

사회적 재연결 가설에 대한 다양한 연구는 배척을 경험한 사람들이 배척으로 인해 좌절된 관계를 재형성하기 위해 노력한다는 것을 보여 준다. 사회적 통증을 경험한 사람들은 새로운 사람과의 사회적인 관계를 형성하려고 노력한다는 것이다. 하지만 이러한 노력이 늘 성공적인 것은 아니다. 새로운 사람과의 성공적인 인간관계를 형성한다는 것은 상당한 시간과 노력, 그리고 비용을 요구하기 때문이다.

따라서 관계의 회복이나 새로운 관계의 형성이 쉽지 않을 때 사람들은 다른 경로를 통해서라도 관계에 대한 욕구를 충족하기 위해서 동기화한다. 최근 연구들을 보면, 사람들은 사회적 재연결 욕구를 충족하기 위해서 의식적으로나 무의식적으로 다양한 대체 경로를 추구한다.

자기 자족성

사람들이 다른 사람과 인간관계를 형성하고 유지하려고 하는 것은 인간관계가 우리가 원하고 필요로 하는 것을 제공해 주기 때문이다. 집단에 소속되고 집단 구성원들로부터 인정받는 것은 인간의 생존과 생식의 가능성을 증가시켜 준다. 사람들은 다른 사람과의 좋은 관계에서 자신이 원하는 것을 획득할 수 있다.

하지만 인간관계만이 우리가 원하는 것을 가질 수 있도록 해 주는 것은 아니다. 돈은 우리가 원하는 것을 획득할 수 있도록 하는 또 다른 수단이다. 인간 사회는 돈을 지불하고 원하는 것을 가질 수 있는 시스템을 만들었다. 따라서 좋은 인간관계를 만들고 유지하지 않아도 돈이라는 수단이 있으면 원하는 것을 획득하는 것이 가능하다.

돈에 대한 생각이 사람들의 행동에 미치는 영향에 대한 Vohs, Mead, 그리고 Goode(2006)의 연구는 돈에 대한 생각이 무의식적으로 사람들을 더 이상 인간관계에 관심이 없는 사람처럼 행동하도록 만든다는 것을 보여 준다. '돈'이라는 단어가 들어가 있는 문장을 완성하는 것만으로도 참여자들은 자신이 어려울 때 타인에게 도움을 요청하는 경향이 감소하였고, 반대로 타인이 도움을 필요로 할 때는 타인에게 도움을 주는 경향이 감소하였다. 또한, '돈'에 대해서 생각하면 혼자 놀고 혼자 일하는 것에 대한 선호는 증가하고, 새로운 사람을 만날 때 더 많은 물리적 거리를 유지하는 경향이 나타났다. 돈을 가지고 있으면 사람들은 인간관계에 의존하지 않고 생활할 수 있다. 그 결과, '돈'은 사회적 관계에 대한 관심을 줄이고, 자기 자족적(self-sufficiency)인 행동 양식을 촉진할 가능성이 있는 것이다.

만약, 돈이 인간의 생존에 필요한 것을 제공하고 돈을 가지고 다양한 문제를 해결할 수 있다면, 반드시 좋은 인간관계를 만들고 유지할 필요가 없어진다. 또한, 돈이 더 이상 좋은 인간관계가 필요하지 않다는 것을 신호하면, 사회적 배척 때문에 마음에 상처를 받을 가능성도 줄어들 수 있다. 사회적 배척이 심리적 통증을 야기하는 것은 사회적 배척이 생존 가능성이 줄어들었다는 것을 의미하기 때문이다. 하지만 돈이라는 수단이 생존의 문제를 해결해 준다면, 사회적 배척은 더 이상 심리적 통증을 야기하지 못할 수도 있다.

돈에 대한 욕구

사회적 배척이 유발한 위협에 대처하기 위해서는 돈이 필요한 것일까? Zhou, Vohs, 그리고 Baumeister(2009)의 연구에서는 돈이 사회적 배척으로 인해 유발된 통증을 완화시킬 수 있는지 확인하였다. 실험 1에서는 실험에 참여한 다른 학생들이 당신과는 짝을 이루어 과제를 수행하기를 원치 않는다는 피드백을 제공해서 사회적 배척을 조작하였다. 소속 조건에서는 모든 학생이 당신의 짝이 되고 싶다는 피드백을 제공하였다. 그러고 난 후에 1위안짜리 동전을 그려 보라고 하였다. 기존의 연구에 따르면, 돈에 대한 욕구가 강하면 동전을 더 크게 그리는 경향이 있다(Bruner & Goodman, 1947). 그다음에는 사람들이 좋아하는 것(예: 햇빛, 봄, 초콜릿, 해변) 7개를 제시하고, 만약 1,000만 위안(약 17억)을 받았을 때 이 중 몇 개를 영원히 포기할 수 있는지 물었다. 마지막으로 고아들을 위한 기부를 요청하였다.

결과에 따르면, 사회적 배척을 경험한 사람들이 소속 조건의 참여자들보다 동전의 크기를 더 크게 그렸고, 1,000만 위안을 받으면 더 많은 즐거움을 포기할 수 있다고 보고하였고, 고아들에게 더 적은 금액을 기부한 것으로 나타났다. 사회적 배척이 돈에 대한 욕구를 증가시킨 것이다.

돈과 심리적 통증의 강도

과연, 돈은 사회적 배척으로 인한 아픔을 위로해 줄 수 있을까? 실험 3에서는 돈을 세는 것이 심리적 통증을 줄여 주는지 알아보았다. 이를 위해 참여자들에게는 손가락의 민첩성을 측정하는 과제에 참여할 것이라고 알려 주었다. 돈 조건에서는 100위안짜리 지폐 80장을 세도록 하였고, 통제 조건에서는 종이 80장을 세도록 하였다. 그런 다음, 사이버볼 게임을 통해 사회적 배척과 소속을 조작하였다. 결과에 따르면, 사회적 배척을 당한 사람들은 돈(vs. 종이)을 센 경우에 심리적 통증이 줄어든 것으로 나타났다.

실험 5에서는 돈을 잃는 것이 사회적 배척으로 인해 유발된 심리적 통증을 악화시키는지 알아보았다. 이를 위해 지난 30일간 발생한 금전적 지출을 기록하도록 하였다. 통제 조건에서는 지난 30일간의 날씨에 대해 기록하도록 하였다. 그런 다음, 사이버볼 게임을 통해 사회적 배척을 조작하였다. 결과에 따르면, 사회적 배척을 경험한 사람들은 돈을 잃어버렸다는 것을 생각하였을 때 통제 조건보다 심리적 통증이 크게 증가한 것으로 나타났다.

이러한 연구 결과는 사람들이 사회적으로 배척당함으로써 인간관계를 통해 자신이 원하는 것을 얻을 수 없게 되었을 때, 돈이라는 다른 종류의 수단을 통해서 자신의 생존에 필요한 자원을 획득하려고 한다는 것을 보여 준다. 그 결과, 사회적으로 배척당했을 때 돈에 대한 욕구가 더 커졌다. 또한, 사회적으로 배척당했을 때 돈이 들어온다는 생각은 심리적 통증을 완화시켜 주지만 돈이 나간다는 생각은 심리적 통증을 악화시키는 것이다. 돈이 사회적 배척으로 인해 상처받은 사람의 영혼을 위로할 대체 수단이 될 수 있는 것이다.

사회적 재연결의 대체 경로 2: 권력

사회적 재연결을 위한 또 다른 대체 경로는 바로 권력이다. 권력은 자신이 원하는 것을 타인에게 강제할 수 있는 힘이다. 따라서, 권력은 돈과 마찬가지로, 우리가 원하는 자원을 획득할 수 있게 해 준다. 사회적 배척으로 인해 자신이 원하는 것을 인간관계를 통해 획득하는 것이 불가능해지면, 사람들은 권력을 통해 자신이 원하는 것을 얻으려고 동기화할 것이라고 예상할 수 있다.

성 역할 고정관념과 권력 추구

하지만 사회적 배척이 권력 추구에 미치는 영향은 남성과 여성에게서 다르게 나타날 가능성이 크다. 이는 우리 사회에서 남성과 여성에게 기대하는 역할이 다르기 때문이다. 성 역할 고정관념에 대한 연구들은 사회가 남성에게는 주도적인 모습을 원하지만, 여성에게는 관계지향적인 모습을 기대한다는 것을 보여 준다.

우리 사회에 존재하는 성 역할 고정관념도 크게 다르지 않다. 전우영(1999)은 우리나라 대학생이 가지고 있는 남성과 여성에 대한 고정관념을 조사하였다. 결과에 따르면, 학생들은 한국 남성에 대해 '지배적인', '경쟁적인', '야심적인'과 같은 고정관념을 가지고 있었고, 한국 여성에 대해서는 '가정적인', '타인의 감정에 민감한', '우호적인'과 같은 고정관념을 가지고 있는 것으로 나타났다. 남성에게는 주도적인 성 역할이 부여되고, 여성에게는 관계지향적인 성 역할이 부여된 것이다.

한 사회에서 남성과 여성은 사회가 가지고 있는 성 역할 고정관념과 일치하는 방식으로 행동하였을 때 집단으로부터 인정받을 가능성이 높다. 즉, 남성은 유능함을 과시하거나 주도적인 모습을 보였을 때 인정받고, 여성은 관계적인 역할을 잘 수행할 때 좋은 평가를 받을 가능성이 커진다.

사회적으로 배척당하면, 사람들은 자신이 소속되기를 원하는 집단이 자신에게 기대하는 방식대로 행동하게 될 가능성이 높다. 그런데 대부분의 사회에서 남성과 여성에 대해 가지고 있는 전형적인 기대가 바로 성 역할 고정관념이다.

따라서 사회적으로 배척당했을 때, 남성은 주도적인 모습을 보이기 위해 노력할 가능성이 높지만, 여성은 관계지향적인 모습을 드러내려고 할 가능성이 높다. 그 결과, 사회적 배척이 권력을 추구하도록 만드는 것은 주로 남성에게서만 나타날 가능성이 높다. 현재의 성 역할 고정관념이 존재하는 사회에서는 권력을 통해 다시 집단으로부터 인정받고자 하는 동기는 주로 남성에게서 나타날 가능성이 큰 것이다.

사회적 배척이 권력 추구에 미치는 영향이 성별에 따라 다른지 알아보기 위해 김남희(2016)의 연구(실험 1)에서는 사회적 배척을 당했던 경험이나 소속의 경험에 대해 회상하도록 한 다음에, 한 회사에서 권력이 많지만 심심한 일을 담당하는 역할과 권력이 낮지만 흥미로운 일을 담당하는 역할을 하고 싶은 정도에 대해 응답하도록 하였다.

결과에 따르면, 남성은 배척(vs. 소속)당한 경험을 회상하였을 때 높은(vs. 낮은) 권력을 가진 역할에 대한 선호가 증가한 반면, 여성은 오히려 소속(vs. 배척) 경험을 회상하였을 때 높은(vs. 낮은) 권력을 가진 역할에 대한 선호가 증가한 것으로 나타났다.

이러한 연구 결과는 사회적 배척을 회상하였을 때 권력을 사회적 재연결을 위한 수단으로 채택하는 경향은 주로 남성에게서만 나타난다는 것을 보여 준다. 반면, 여성은 자신의 사회적 관계가 안정적일 때 비로소 권력을 가진 역할에 관심을 갖게 되는 것으로 보인다. 즉, 남성은 사회적으로 배척당했을 때, 남성에 대한 고정관념과 일치하는 높은 권력을 가진 역할을 통해 사회적 재연결을 추구한다. 하지만 여성은 여성에 대한 사회적 기대를 충족하였을 때, 즉 집단이 받아들임으로써 관계적 역할에 대한 기대를 충족하고 난 후에야 비로소 권력에 대한 관심을 보이는 것이다.

사회적 재연결의 대체 경로 3: 소비

인간의 소속 욕구는 소비행동에도 큰 영향을 미친다. 자신이 다니는 대학교의 로고가 새겨진 옷을 입고 다니는 대학생들이나, 자신이 응원하는 야구팀의 모자를 쓰고 다니는 사람들은 소속 욕구가 어떻게 소비행동으로 드러나는지 잘 보여준다. 그렇다면 사회적으로 배척당했을 때, 사람들의 소비행동은 어떤 영향을 받을까?

연구들은 사회적 배척으로 인해 유발된 소속 욕구는 소속의 가능성을 증가시키는 소비행동을 촉진한다는 것을 보여 준다. 즉, 사회적 배척을 경험한 사람들은 다른 사람들과의 사회적 재연결을 위한 수단으로 소비행위를 이용한다. 가장 전형적인 행동은 자신이 소속되기를 원하는 집단과의 재연결을 위해 집단 소속을 드러낼 수 있는 제품을 구매하는 것이다(Mead, Baumeister, Stillman, Rawn, & Vohs, 2011). 또는, 추억의 향수가 담긴 제품을 구매함으로써 배척당하지 않고 소속감을 느낄 수 있었던 과거의 집단 또는 과거 시절과의 재연결을 시도하기도 한다(Loveland, Smeesters, & Mandel, 2010).

사회적으로 배척을 당한 사람들이 소비를 통해 현재의 자신의 집단과 재연결을 시도하거나, 심지어는 안정적으로 집단에 소속되었던 과거의 추억과 재연결을 시도한다는 것은 사람들이 배척을 경험하였을 때 보일 수 있는 상당히 긍정적인 행동이다. 하지만 연구들은 사회적인 배척을 경험한 사람들에게서 긍정적인 행동보다는 다양한 종류의 부정적인 행동이 관찰된다는 것을 보고하였다. 사회적 배척 경험은 공격성을 증가시키고(Twenge et al., 2001), 친사회적 행동을 감소시키며(Twenge et al., 2007), 자기조절에 실패할 가능성을 증가시킨다(Baumeister et al., 2005). 따라서 사회적 배척이 소비자 행동에 미치는 영향을 보다 전체적으로 설명하기 위해서는 사회적 배척에 대한 이질적인 반응을 설명할 수 있어야 한다.

사회적 배척이 위협하는 4개의 욕구

사회적 배척은 인간의 4가지 근본적인 욕구(소속 욕구, 자존감 욕구, 통제와 권력 욕구, 의미 있는 존재 욕구)를 위협한다(Williams, 2001). 사회적 배척으로 인해 위협받는 첫 번째 욕구는 소속에 대한 욕구다. 소속 욕구는 좋은 대인관계를 맺고 유지하고자 하는 인간의 기본적인 욕구다. 소속 욕구는 사회적 배척을 받았을 때, 타인과의 재연결을 촉진할 가능성이 높다(Pickett, Gardner, & Knowles, 2004). 소속 욕구가 강한 사람들은 인간관계를 시작하고 발전시키기 위해 노력하고, 자신들이 설정한 기본적인 수준까지 관계가 발전할 수 있도록 노력하는 경향이 있다(Baumeister & Leary, 1995).

사회적 배척으로 인해 위협받는 두 번째 욕구는 자존감에 대한 욕구다. 자존감 욕구는 자신에 대한 스스로의 존중과 타인으로부터의 존중에 의해 결정된다. 사회적 배척은 타인에게서 기대하였던 존중에 상처를 입힘으로써 자존감 욕구를 자극한다. 따라서 사회적 배척이 유발한 자존감 욕구는 타인과의 재연결을 촉진할 가능성이 높다.

사회적 배척으로 인해 위협받는 세 번째 욕구는 통제에 대한 욕구다. 통제 욕구는 공격성과 밀접하게 연결되어 있다. 자신이 집단 내에서 가지고 있는 통제력이 위협을 받으면 직접적으로 공격성을 표출함으로써 위협에 대처할 수 있지만, 상대적으로 은밀하고 간접적인 방식을 사용할 수도 있다. 자신의 힘과 자원을 과시하는 간접적인 방식으로 자신이 권력을 가지고 있음을 드러내는 것이다. 대표적인 것이 과시적인 소비를 통해 타인들이 자신의 힘과 자원에 주의를 두도록 유도하는 것이다.

사회적 배척으로 인해 위협받는 네 번째 욕구는 의미 있는 존재에 대한 욕구다. 사람들은 자신이 이 세상에 의미가 있는 존재이기를 원한다. 존재의 의미는 사회적 상호작용과 다른 사람들과의 관계에 의해서 결정되기 때문에 사회적 배척 상태에 놓인다는 것은 존재의 의미가 상실되었다는 것의 신호다.

사회적 배척은 배척당한 사람을 투명인간처럼 취급하는 것이나 마찬가지다. 배척당한 사람은 마치 눈에 보이지 않는 사람, 즉 존재하지 않는 사람처럼 취급받기 때문에 사회적 배척은 의미 있는 존재에 대한 욕구에 상처를 입힌다. 그 결과, 사회적 배척을 당한 사람들은 타인들의 시선을 끌고 주목받고자 하는 욕구가 증가한다. 타인의 눈에도 보이는 사람이 되려는 동기는 사회적으로 배척당한 사람들로 하여금 반사회적 행동을 하도록 유도하기도 한다. 이는 반사회적 행동을 통해서라도 다른 사람들의 주의를 끌고자 하는 것이다.

차별적 욕구 가설

Williams(2007)는 사회적 배척으로 인해 위협받는 4개의 욕구를, 다시 관계 욕구와 효능감 욕구라는 두 개의 범주로 크게 묶을 수 있다고 주장한다.

관계 욕구는 소속과 자존감 욕구를 포함하는데, 인간관계의 개선을 통해서 충족시킬 수 있다. 따라서 사회적 배척으로 인해 관계 욕구가 위협받으면, 친사회적 행동을 통해 관계를 개선하기 위해 동기화할 가능성이 높아진다.

반면, 효능감 욕구는 통제와 의미 있는 존재 욕구를 포함하는데, 힘과 통제력을 통해서 충족할 수 있다. 따라서 사회적 배척이 효능감 욕구를 위협하면 자신이 가지고 있는 자원과 힘을 과시하는 행동을 할 가능성이 높아진다는 것이다.

Lee와 Shrum(2012)은 어떤 방식으로 배척되었는지에 따라 위협받는 욕구가 다르다고 주장한다. 사회적 배척의 유형에 따라 위협받는 욕구가 차별된다는 것이다. 차별적 욕구 가설(differential needs hypothesis)에 따르면, 사회적 배척이 사람들이 가지고 있는 어떤 종류의 욕구를 위협했는지에 따라 사회적 배척의 결과가 달라진다고 한다(Williams, 2007).

무시와 거부

무시와 거부라는 사회적 배척의 형태는 다른 종류의 욕구를 위협한다는 것이다. Molden, Lucas, Gardner, Dean, 그리고 Knowles(2009)에 따르면, 무시는 상대적으로 더 간접적이고 은밀한 방식의 배척이지만, 거부는 보다 명시적이고 직접적인 배척이라는 것이다. 무시를 당한다는 것은 즉각적인 거부가 아니고 무시당하는 이유조차 잘 알 수 없기 때문에 자존감이나 소속감 같은 관계적인 욕구는 크게 위협받지 않는다. 반대로, 거부를 당하면 자존감이나 소속감과 같은 관계적인 욕구가 위협받게 된다. 그 결과, 다른 사람들을 통제하고자 하는 욕구보다는 사람들과 다시 잘 지내고자 하는 동기가 더 커진다.

이러한 추론을 토대로, Lee와 Shrum(2012)은 무시당했을 때 효능감 욕구가 가장 크게 위협받는다고 가정한다. 그 결과, 자신의 힘을 다시 찾고자 하거나, 누군가를 통제하려 하거나, 또는 스스로의 존재를 입증하려고 동기화한다는 것이다. 이러한 욕구를 충족시킬 수 있는 수단은 바로 타인의 주의를 끌거나 자신을 과시하는 것이다. 소비자의 입장에서는 과시적인 소비(conspicuous consumption)를 함으로써 이러한 욕구를 충족시킬 수 있다. 반대로, 거부를 당하면 관계적인 욕구가 위협받게 되면서 좀 더 친사회적인 행동을 통해 사회와 다시 연결되고자 하는 욕구가 증가한다. 따라서 거부당하는 것이 관계적인 욕구를 위협하고, 그로 인해 도움이나 기부 행동이 증가할 것이라고 보았다.

Lee와 Shrum(2012)은 4개의 실험연구에서 참여자들이 다른 사람으로부터 심하게 무시당했거나 거부당했던 기억을 회상하도록 함으로써 사회적 배척의 유형을 조작하였다. 통제 조건의 참여자들도 회상 과제를 했는데, 식료품 가게에 걸어가거나 운전해서 갔던 때를 회상도록 하였다.

사회적 배척에 대한 조작이 이루어진 다음에, 소비자 판단 과제를 실시하였다. 과시적 소비 욕구를 측정하기 위해 비싼 옷을 구매하는 상황에서 브랜드의 로고를 다른 사람들이 얼마나 잘 볼 수 있기를 원하는지 알아보았다. 구체적으로, 브랜드 로고가 얼마나 크고, 잘 보이고, 다른 사람들이 쉽게 알아차릴 수 있고, 눈에 띄기를 원하는지 확인하였다. 또한, 친사회적 지출에 대해 알아보기 위해서 노숙자에게 돈을 줄 의향과 아동 환자들을 위한 펀드에 돈을 기부할 의향에 대해 알아보았다.

결과에 따르면, 무시당했던 기억을 회상하였던 참여자들은 거부당했던 경험을 회상하였던 참여자들이나 통제 조건의 참여자들보다 눈에 띄는 브랜드 로고가 새겨진 옷을 구매하고자 하는 욕구가 더 강한 것으로 나타났다. 반면, 거부당했던 기억을 회상하였던 참여자들은 무시당했던 기억을 회상하였던 참여자들이나 통제 조건의 참여자들보다 노숙자나 아동 환자 기금에 돈을 기부하겠다는 의향이 더 강한 것으로 나타났다.

로고의 크기

실험 2에서는 무시나 거부를 회상하지 않고 직접 경험하도록 하였다. 참여자는 온라인상에서 사람들이 어떻게 우정을 쌓고 공동체를 형성하는지에 대한 연구에 참여하였다. 참여자의 과제는 다른 두 명의 학생과 온라인 채팅방에서 10분 동안 토론을 하는 것이었다. 참여자부터 시작해서 교대로 메시지를 보내는 방식으로 운전 중에 문자를 보내는 것을 금지하는 법안에 대해 토론하였다.

이 연구에서 참여자를 제외한 다른 두 명의 학생은 공모자로, 실험 조건에 따라 실험자에 의해 미리 정해진 방식으로 의견을 제시하였다. 토론은 진짜 참여자가 가장 먼저 자신의 의견을 제시하도록 만들었다. 거부 조건에서는 참여자가 의견을 제시하면 어떤 내용이든 즉각적으로 다른 두 명의 공모자에 의해서 평가절하되었고, 참여자의 의견을 반박하는 반대 논리로 만들어진 의견이 제시되었다. 무시 조건에서는 진짜 참여자를 제외한 다른 두 명의 공모자가 서로의 의견에서 공통점을 발견한 후에, 진짜 참여자가 무슨 이야기를 하든 무시하고, 둘이서만 토론을 이어갔다.

온라인 토론 실험이 종료된 후, 참여자들에게는 사례비로 1달러 지폐 일곱 장이 주어졌다. 절반의 참여자들에게는 추가로 나이키 티셔츠를 선물로 받을 수 있는 추첨에 참여할 수 있다고 알려 주었다. 이들이 원하는 사이즈, 색깔, 스타일에 대해 물었는데, 스타일 중에는 나이키 로고 크기가 있었다. 참여자들은 매우 크거나 아주 작은 나이키 로고가 그려진 티셔츠 중에 어떤 스타일을 원하는지 선택하였다. 또 다른 절반의 참여자들에게는 Feeding America라는 자선단체에 대해 소개하고, 자신이 가지고 있는 7장의 1달러 지폐 중에서 원하는 만큼 기부할 수 있도록 하였다.

결과에 따르면, 무시당했던 참여자들 중 약 60%가 큰 사이즈의 나이키 로고를 선택하였던 반면, 거절 조건의 참여들은 약 17%만 큰 로고를 선택한 것으로 나타났다. 반면, 거절당했던 참여자들이 약 4달러를 기부하였던 반면, 무시당한 참여자들은 약 2달러만 기부한 것으로 나타났다. 또한, 거절당한 참여자들은 모두가 최소한의 액수라도 기부하였지만, 무시당한 참여자들은 약 67%만이 기부에 참여한 것으로 나타났다.

종합적으로, 이러한 결과들은 모든 종류의 사회적 배척이 우리의 마음과 행동에 미치는 영향이 동일하지 않다는 것을 보여 준다. 사회적 배척의 유형에 따라 위협받게 되는 욕구가 다르고, 어떤 욕구를 충족하기 위해 동기화하느냐에 따라서 사회적 배척에 대응하는 사람들의 행동이 달라진다는 것이다.

사회적 재연결의 대체 경로 4: 따뜻함

사회적 배척을 당했을 때 가장 좋은 방법은 빨리 다른 좋은 관계를 만드는 것이다. 하지만 그게 여의치 않을 때 사람들은 사회적 재연결의 대체 경로로 무의식적으로 물리적인 따뜻함을 추구하는 경향이 있다. 한 연구에서는 사회적 배척을 경험한 사람들은 뜨거운 음식이나 음료를 먹고 싶은 욕구가 크게 증가한 것으로 나타났다(Zhong & Leonardelli, 2008). 혼자 버림받았다는 느낌이 들면 얼음이 들어간 차가운 콜라보다는 뜨거운 커피나 스프에 대한 갈망이 커진 것이다.

이러한 결과는 사람들이 사회적 배척이 유발한 심리적 차가움을 따뜻한 음식을 통해 완화하기 위해 무의식적으로 노력한다는 것을 보여 준다. 심리적 차가움을 물리적 따뜻함으로 완화하려고 하는 것이다. 즉, 몸은 물리적인 따뜻함이 심리적인 외로움을 완화해 줄 수 있다는 사실을 알고 있고, 외로울 때는 우리로 하여금 따뜻한 음식을 찾으라고 조용히 지시를

내리고 있는 것처럼 보인다.

Bargh와 Shalev(2012)의 연구에서는 외로운 사람들이 물리적인 따뜻함에 대한 생각만 하는 것이 아니라, 실제로 일상생활에서 물리적인 따뜻함을 더 많이 추구한다는 것을 보고하였다. 이들의 연구에 따르면, 만성적으로 외로움을 더 크게 느끼는 사람일수록 일상생활에서 뜨거운 물로 목욕을 더 자주 하고, 일단 목욕을 하면 더 오랫동안 하는 것으로 나타났다. 또한 이들의 연구에서는 물리적인 차가움을 경험하면 외로움이 증가하는 것으로 나타났다. 하지만 물리적인 따뜻함을 경험하면 사회적 배척 경험으로 인한 외로움이 완화되는 것으로 나타났다.

이러한 결과는 물리적인 온도와 심리적인 온도가 우리의 마음속에 매우 밀접하게 연합되어 있기 때문에 서로 대체할 수 있다는 것을 보여 준다. 즉, 심리적인 따뜻함이 필요할 때 물리적인 따뜻함을 제공함으로써 심리적인 따뜻함을 유도할 수 있다는 것이다.

사회적 배척과 물리적 따뜻함에 대한 생각

물리적 온도와 심리적 온도는 매우 밀접하게 연결되어 있다

(Williams & Bargh, 2008). 이전 연구들에서는 참여자들에게 물리적 따뜻함(예: 따뜻한 커피가 담긴 컵 들고 있기)을 직접 경험하게 하여 물리적 따뜻함이 사회적 배척으로 인해 유발된 심리적 욕구를 충족시킬 수 있는지 확인하였다(Bargh & Shalev, 2012; IJzerman et al., 2012).

하지만 김혜림과 전우영(2021)의 연구에서는 물리적 따뜻함의 직접적인 경험이나 추구가 아닌, 물리적 따뜻함에 대해서 단순히 생각하는 것만으로도 결핍된 사회적 관계에 대한 욕구를 충족시켜 줄 수 있는지에 대해서 알아보았다. 이 연구에서는 사회적 수용과 배척을 조작하기 위해서 Williams 등(2000)이 사용한 사이버볼 과제를 사용하였다. 또한, 참여자들의 물리적 온도에 대한 생각을 조작하기 위해서 Srull과 Wyer(1979)가 사용한 문장구성과제를 사용하였다. 한 과제당 5개의 단어가 제시되었고, 이 중 4개를 사용하여 문법적으로 완벽한 문장을 구성하게 하였다. 이때 4개의 단어 중 하나가 연구자가 조작하고자 하는 온도 관련 단어였다(예: 온천에 / 있다 / 나는 / 누워).

따뜻함 조건에서는 문장을 구성하기 위해서는 물리적인 따뜻함과 연합된 단어(예: 온천)를 사용하도록 만들었다. 마찬가지로 차가움 조건에서는 물리적인 차가움과 연합된 단어(예:

냉탕)를 사용해야만 하였다. 모든 실험 조작이 끝난 후에 참여자들에게 종속측정치로 현재 타인에게 얼마나 포함되어 있다고 느끼는지에 대해 평정하게 하였다.

결과에 따르면, 수용 조건에서는 따뜻함 생각 조건의 참여자와 차가움 생각 조건의 참여자 간에 수용지각에 통계적으로 유의미한 차이가 없는 것으로 나타났다. 하지만 배척 조건에서는 따뜻함 생각 조건의 참여자들이 차가움 생각 조건의 참여자들에 비해 현재 타인에게 더 많이 수용되어 있다고 평정한 것으로 나타났다. 즉, 사회적 배척 경험 후에 물리적 따뜻함에 대한 단순 개념이 점화된 참여자들이 차가움이 점화된 참여자들에 비해서 타인에게 더 수용되어 있다고 지각한 것이다.

이러한 결과는 사회적 배척 상황에서 물리적 따뜻함을 직접적으로 경험하는 것뿐만 아니라 물리적 따뜻함에 대한 단순한 생각만으로도 사회적 관계에 수용되지 못하고 있다는 느낌을 완화시켜 줄 수 있다는 것을 보여 준다. 즉, 물리적 따뜻함에 대한 경험과 마찬가지로, 물리적 따뜻함에 대한 단순 생각이 심리적 따뜻함을 대체할 가능성이 있는 것이다.

사회적 배척과 허그

허그는 다른 사람과의 상호작용 상황에서 친밀함과 편안함을 나타내는 신체적 접촉이다(Forsell & Åström, 2012). 허그는 낯선 사람과 통화하는 것과 같은 스트레스 상황에서 코르티솔(cortisol) 분비와 같은 스트레스 반응을 낮추는 데 효과가 있는 것으로 나타났다(Sumioka, Nakae, Kanai, & Ishiguro, 2013), 즉, 허그는 신체적 접촉의 한 형태이지만, 심리적 차원의 통증을 완화할 수 있는 행위이기도 한 것이다(Cohen, Janicki-Deverts, Turner, & Doyle, 2015).

류혜진, 김남희, 전우영(2021)의 연구에서는 사회적 배척으로 인해 유발된 집단에 대한 소속 욕구를 가벼운 포옹인 허그(hug)가 충족시켜 줄 수 있는지 알아보았다. 사회적 배척(vs. 소속) 점화를 위해 참여자들에게 배척 또는 소속 경험에 관한 에세이를 작성하도록 하였다. 참여자들은 약 3분 동안 언제, 어떤 상황에서 배척 또는 소속을 경험하였는지, 그리고 그 당시의 감정이 어떠하였는지 구체적으로 기술하였다. 그다음 허그 점화를 위한 과제를 수행하였다.

허그 점화 조건의 참여자들은 사람과 허그를 하였던 경험에 대해 3분 동안 에세이를 작성하였다. 통제 조건의 참여자들은 대학교 정문에서부터 강의실까지 오는 길에 대해 약 3분 동안 최대한 자세히 묘사하도록 지시하였다. 점화 절차가 끝난 후, 친구와 가족에 대해 각각 얼마나 소속감을 느끼는지 알아보았다.

결과에 따르면, 배척이 점화된 참여자들은 허그 점화 여부에 따라 주관적으로 지각한 소속감에 차이가 있는 것으로 나타났다. 즉, 사회적 배척이 점화된 경우, 허그 조건의 참여자들이 지각한 소속감이 통제 조건보다 더 높은 것으로 나타났다. 하지만 소속이 점화된 경우에는 허그 조건과 통제 조건 간에 차이가 없는 것으로 나타났다.

이러한 결과는, 허그는 소속감이 이미 충족된 사람들에게는 더 이상 소속감을 증가시키지 못한다는 것을 보여 준다. 하지만 사회적 배척으로 인해 소속감에 상처를 받은 사람들에게는 소속감을 충족시키는 역할을 할 수 있다는 것을 보여 준다.

04

배척 없는 사회

사회적 배척과 심리적 통증

04 배척 없는 사회

공감 격차

사회적 배척이 없는 사회를 만들기 위해서 필요한 것 중 하나는 공감의 격차를 줄이는 것이다. 사회적 배척에 대한 연구들은 사회적 배척이 유발하는 통증의 강도는 우리가 상상하는 것 이상이라는 것을 보여 준다. 사회적 배척은 암 환자가 경험하는 통증과 유사한 정도의 아픔을 유발하고, 사랑하는 사람의 죽음이 유발한 통증은 사람을 죽음에 이르게 할 수 있을 정도로 강하다.

하지만 사람들은 사회적 배척의 피해자들이 경험하는 아픔의 정도를 과소평가하는 경향이 있다. 따라서 사회적 배척을 당한 사람이 실제로 경험하는 통증의 강도와 제3자가 사회적 배척의 피해자가 경험할 것이라고 생각하는 통증의 강도 사이에 차이가 존재하는 것이다.

다른 사람이 얼마나 큰 아픔을 느낄지 예측하는 작업은 타인의 아픔에 대한 공감을 토대로 이루어진다. 우리가 타인의 아픔을 그들과 동시에, 직접적으로 느낄 수 없기 때문이다. 우리는 상상을 통해서 타인이 경험하고 있는 아픔의 정도를 추측해야 한다. 따라서 예측의 정확성은 공감능력에 달려 있다. 하지만 많은 경우에 우리의 공감능력은 실제로 고통을 당하고 있는 사람들이 느끼고 있는 통증을 그대로 느낄 수 있는 수준에는 미치지 못한다.

우리가 다른 사람의 아픔에 공감하는 정도가 실제로 아픔을 경험하고 있는 사람들이 체험하는 아픔에 미치지 못하기 때문에 발생하는 간극을 공감 격차(empathy gap)라고 한다. 공감 격차는 사회적 배척의 피해자들이 경험하는 아픔의 정도를 과소평가하게 함으로써 크게 두 가지 문제를 야기할 수 있다.

공감 격차는 피해자에게 제공되어야 하는 보호와 지원의 필요성을 과소평가하게 만든다. 실제로 피해자가 경험하고 있는 아픔의 정도를 과소평가하게 되면, 피해자를 회복시키는데 필요한 심리적 · 경제적 지원의 정도를 과소추정하게 된다. 그 결과, 피해자를 통증으로부터 회복시키고 사회에 적응시키기 위해 필요한 지원이 충분히 제공되지 않을 수 있다.

공감 격차가 일으킬 수 있는 또 다른 문제는 가해자에 대한 처벌의 강도와 기간을 과소추정하게 만드는 것이다. 공감 격차는 가해자가 사회적 배척 피해자에게 입힌 피해의 정도를 과소추정하게 만들어서, 가해자의 행위에 대한 처벌 수위를 낮춘다.

 냉정상태와 열정상태의 격차

Loewenstein(1996)은 본능적 욕구가 전혀 활성화되지 않은 냉정한 상태(cold state)에 있는 사람은 뜨겁게 활성화된 열정상태(hot state)의 본능적 욕구가 자신의 감정과 행동에 미치는 영향을 과소평가하는 경향이 있다고 주장한다. 실제로 마취제를 사용하지 않고 출산할 계획을 가지고 있던 다수의 임산부들이 첫 번째 진통을 경험하고 난 후에 자신의 결정을 바꾼다고 한다. 이는 임산부들이 진통을 경험하지 않고 있던 냉정 상태에서 출산 과정에서 자신이 경험하게 될 통증의 강도를 과소평가하였다는 것을 보여 준다(Christensen-Szalanski, 1984). 또한, 굶어 본 적이 없는 사람은 며칠을 굶은 사람이 배고픔 때문에 절도와 같은 반사회적 행동을 하게 될 가능성을 과소평가하게 되는 것이다.

따라서 공감 격차를 줄이는 가장 좋은 방법은 실제로 체험을 하게 하는 것이다. 즉, 사회적 배척이 얼마나 큰 상처를 주는지 알게 하기 위해서 사회적 배척의 피해를 경험하게 만드는 것이다. Nordgren, Banas, 그리고 MacDonald(2011)의 연구에서는 사이버볼 게임(Williams et al., 2000)을 통해 배척과 소속을 조작하였다. 통제 조건에서는 사이버볼 게임을 하지 않았다.

그다음 참여자들은 부정적 사건에 대한 평가과제를 실시하였다. 부정적인 사건의 종류는 사회적 배척, 실망, 공포, 분노와 관련되어 있었다. 구체적으로 사회적 배척 사건은 두 개가 있었다. 하나는 친구가 파티에 당신을 초대하지 않았다는 사실을 알게 된 것이었고, 다른 하나는 누군가에게 데이트를 요청하였다가 거절당한 것이었다. 실망은 시험에서 나쁜 성적을 받은 것이었다. 공포는 침대에서 거미를 발견한 것이었다. 마지막으로 분노는 누군가가 지갑을 훔쳐 갔다는 것을 알게 된 것이었다.

각각의 사건이 어떤 감정을 불러일으킬지에 대해 참여자들은 얼굴통증척도(Faces Pain Scale-Revised, Bieri, Reeve, Champion, Addicoat, & Ziegler, 1990)에 표시하였다. 이 척도는 통증의 강도를 측정하는 도구로, 고통이 없는 얼굴 모습에서 매우 큰 고통을 느끼는 얼굴까지 11개의 얼굴 표정을 보고 자신이 경험하는 통증의 강도를 보고할 수 있도록 만든 척도다.

결과에 따르면, 사이버볼 과제를 통해 사회적 배척을 직접 경험하였던 참여자들이 파티에 초청받지 못하거나 데이트를 거절당한 사건의 당사자가 경험할 통증의 강도를 소속 조건이나 통제 조건의 참여자들보다 더 높게 추정하였다. 자신이 체험한 사회적 배척이 다른 배척 피해자의 통증에 더 크게 공감할 수 있도록 만든 것이다. 사이버볼 과제를 통한 사회적 배척 체험이 사회적 배척의 피해자에 대한 공감 격차를 줄여 준 것이다.

하지만 실망, 공포, 분노 사건의 경우에는 사이버볼 과제를 통한 사회적 배척 경험이 공감 격차를 줄이는 데 도움을 주지 못한 것으로 나타났다. 사회적 배척 조건과 소속 조건, 그리고 통제 조건 간에 실망, 공포, 분노 사건의 당사자가 경험할 통증에 대한 판단에 차이가 발생하지 않은 것이다. 이러한 결과는 우리의 체험이 공감 격차를 줄여 주기 위해서는 체험의 내용과 판단 대상의 내용이 동일해야 한다는 것을 보여 준다.

피해자와의 동일시

타인의 아픔에 충분히 공감하기 위해서는 상대방의 고통을 나의 고통이라고 생각할 수 있어야 한다. 타인의 고통을 나의 고통이라고 생각하게 만드는 데 영향을 미치는 요인 중 하나는 타인이 나와 같은 편이라고 생각하는지 여부다. 사람들은 자신이 응원하는 축구팀 선수가 부상당하였을 때, 상대팀 선수가 부상당하였을 때보다 부상 선수의 고통에 더 크게 공감한다. 즉, 내가 직접 상처를 받지 않아도 내가 동일시하고 있는 집단의 다른 구성원의 고통에는 더 쉽게 공감할 수 있고, 그 결과 공감 격차가 줄어들 수 있는 것이다.

Nordgren, Banas 그리고 MacDonald(2011)의 실험 3에서는 피해자에 대한 동일시가 어떻게 공감 격차를 줄여 줄 수 있는지 확인하였다. 이 실험에서 참여자들은 두 명씩 한 쌍으로 실험에 참여하였다. 이 중 한 명은 행위자 역할을 맡았고, 다른 한 명은 관찰자의 역할을 맡았다. 행위자 조건의 모든 참여자는 사이버볼 게임에서 사회적 배척을 직접 체험하였다. 관찰자는 행위자가 사이버볼 게임을 하는 동안 이를 지켜보았다. 관찰자들에게는 파트너(행위자)가 게임을 끝내면 당신(관찰자)이 두 번째로 이 게임을 하게 될 것이라고 알려 주었다.

사이버볼 게임은 세 명이 하도록 설계되어 있는데, 컴퓨터 화면에 세 명을 표시하는 세 개의 아바타가 표시된다. 하나는 진짜 참여자를 나타내는 아바타이고, 다른 두 개의 아바타는 옆방에서 게임에 접속한 참여자들이라고 알려 주었지만, 실제로 이들은 진짜 사람이 아니고 컴퓨터로 미리 프로그램된 캐릭터다.

이 실험에서 컴퓨터가 조정하는 두 개의 아바타는 그린팀과 레드팀 라벨이 붙었고, 진짜 참여자의 아바타는 블루팀 라벨이 붙었다. 동일시 조건의 관찰자는 블루팀 소속이라고 알려 주었고, 비동일시 조건의 관찰자는 옐로우팀 소속이라고 알려 주었다. 따라서 동일시 조건에서는 사이버볼 게임에서 배척당하는 사람이 관찰자와 같은 팀 소속이었고, 비동일시 조건에서는 배척당하는 사람이 관찰자와 다른 팀 소속이었다. 실험자는 동일시 조건의 참여자들이 서로 더 많은 대화를 나눌 가능성을 차단하기 위해서 모든 조건의 행위자와 관찰자들이 사이버볼 게임을 하는 동안 서로 대화하지 못하도록 지시하였다.

사이버볼 게임이 종료되고 난 후에, 행위자는 자신이 사이버볼 게임에서 직접 경험한 사회적 배척이 유발한 심리적 통증의 강도에 대해 보고하였고, 관찰자는 행위자가 경험하였을 것이라고 추정한 심리적 통증의 강도에 대해 보고하였다. 결과에 따르면, 비동일시 조건에서는 행위자가 경험한 통증의 강도보다 관찰자가 추정한 통증의 강도가 더 낮은 것으로 나타났다. 사회적 배척을 직접 체험하지 않은 관찰자는 실제로 배척을 체험한 사람보다 사회적 배척이 유발하는 심리적 통증의 강도를 과소평가한 것이다. 즉, 공감 격차가 발생한 것이다. 반면, 동일시 조건에서는 행위자와 관찰자 사이 통증 평가에 차이가 발생하지 않았다. 동일시 조건에서는 사회적 배척을 직접 체험하지 않은 관찰자도 행위자와 동등한 정도의 통증을 예측하였다.

이러한 결과는 피해자와 내가 한 팀이라고 생각하는 것만으로도 공감 격차를 줄일 수 있다는 것을 보여 준다. 이 연구에서 관찰자는 자신과 우연히 함께 실험에 참여하게 된 행위자가 자신과 같은 팀이라는 것을 통해 행위자와 동일시하게 된 것이다. 이들은 상호작용을 통해 친밀감이나 신뢰를 쌓은 것도 아니었다. 단순히 같은 팀으로 구분되는 순간 자신의 팀 성원이 겪는 고통에 더 크게 공감하였던 것이다. 매우 사소하고 의미 없는 기준에 의해 집단을 구분하더라도, 사람들은 자신과 같은 집단에 속한 사람들에게 더 호의적으로 행동하는 경향이 있다. 마찬가지로, 사람들은 일단 누군가가 자신과 같은 집단에 소속된 사람이라고 동일시하게 되면, 더 쉽게 그 사람의 아픔에 공감할 수 있는 것이다.

선생님들의 판단

사회적 배척이 얼마나 큰 심리적 상처를 줄 수 있는지 자신이 체험하면, 피해자의 아픔에 더 공감하고, 그 결과 피해자에 대해서는 보다 적극적인 대응책을 마련하고, 가해자에 대해서는 더 강한 처벌을 부과하게 될까? 이러한 질문에 답하기 위해서 Nordgren, Banas 그리고 MacDonald(2011)의 실험 5에서는 네덜란드 중학교 선생님들을 대상으로 사이버볼 게임을 실시하였다. 선생님들은 배척, 소속, 통제 조건에 무작위로 할당되었다.

사이버볼 게임이 끝난 다음에, 선생님들에게 학교에서 집단 괴롭힘을 당하고 있는 안나와 안나를 가장 심하게 괴롭히는 로저라는 학생의 이야기를 소개하였다. 그런 다음 로저에 대한 처벌 수위와 안나의 치유를 위한 심리상담 제공을 위해 학교와 담임선생님이 얼마나 적극적으로 나서야 하는지에 대해 판단하도록 했다.

결과에 따르면, 사이버볼 게임을 통해서 사회적 배척을 체험했던 선생님들이 소속이나 통제 조건의 선생님들보다 안나에 대한 반 학생들의 괴롭힘이 더 심하다고 판단하였다. 사회적 배척을 직접 당해 본 경험이 공감 격차를 줄이는 데 도움을 준 것이다.

또한, 배척을 체험하였던 선생님들은 배척을 경험하지 못하였던 선생님들보다 안나를 괴롭힌 로저에게 더 강한 처벌이 필요하다고 판단하였고, 따돌림의 피해자인 안나에 대해서는 학교와 담임선생님의 보다 적극적인 개입이 필요하다고 판단하였다. 추가적인 분석 결과에 따르면, 사이버볼 게임에서 배척을 경험한 것이 안나에게 가해진 따돌림의 심각성 지각에 영향을 미쳤고, 그 결과 배척의 피해자인 안나에 대한 적극적인 도움과 가해자인 로저에 대한 더 강한 처벌을 유도한 것으로 나타났다. 즉, 사회적 배척을 직접적으로 체험함으로써 피해자가 경험하고 있는 고통의 심각성에 대한 과소추정의 오류가 발생하지 않았기 때문에 피해자와 가해자에 대한 더 적극적인 조치를 생각할 수 있었던 것이다.

인간관계와 사회 시스템

사회적 배척이 없는 사회를 만들기 위해서 필요한 또 다른 요인은 심리적 통증을 유발하는 배척이 인간관계에서만 발생하지 않는다는 사실을 기억하는 것이다. 사회적 배척은 우리가 살고 있는 사회의 시스템에 의해서도 발생할 수 있고, 사회 시스템에 의해 유발된 심리적 통증도 우리를 아프게 한다.

사회적 배척은 많은 경우 인간관계에서 발생한다. 사랑하는 사람과의 이별, 믿었던 친구의 배신, 배우자와의 사별, 학교나 직장에서 발생하는 집단따돌림과 같은 관계로부터 받은 상처가 심리적 통증을 유발하는 것이다. 따라서 사회적 배척에 대한 기존의 심리학 연구들이 심리적 통증의 원인을 주로 인간관계에서 찾으려고 하였다는 것은 어찌 보면 매우 자연스러운 일이다.

하지만 사회적 배척은 대인관계를 형성하고 유지하는 과정에서만 발생하는 것은 아니다. 사회적 배척은 개인이 속한 사회의 시스템이 작동하는 과정에서 일어날 수도 있다. 사회적 시스템은 어떤 사람에게는 우호적으로 작동하지만, 다른 사람에게는 적대적으로 작동할 수 있기 때문이다.

인종에 대한 차별이나 여성에 대한 차별이 제도화된 사회에서, 사회의 정치, 경제, 교육 시스템은 피해자들의 삶의 조건을 위협하는 방식으로 작동한다. 즉, 차별의 대상자들은 자신이 속한 사회의 정치, 경제, 교육 시스템으로부터 자신이 배척되고 있다고 느낄 것이다. 그 결과, 사회적 시스템으로부터 배척받은 사람들은 인간관계에서 배척받은 사람들과 마찬가지로 심리적 통증을 경험할 가능성이 큰 것이다.

인간관계로부터의 배척과 마찬가지로 사회적 시스템으로부터의 배척이 심리적 통증을 유발하는지 확인하기 위해서 신현지, 신고은, 장근영 그리고 전우영(2020)의 연구에서는 우리 사회 구성원들의 심리적 통증을 일으키는 원인이 무엇인지 확인하였다. 결과에 따르면, 사람들은 인간관계로부터도 상처받지만, 사회적 시스템으로부터도 상처받는 것으로 나타났다.

사람들은 친구, 형제/자매, 어머니, 동료, 아버지, 연인과 같은 인간관계로부터 배척을 경험하였고, 그 결과 심리적 통증을 경험한 것으로 나타났다. 하지만 인간관계로부터의 배척만이 심리적 통증을 유발하는 유일한 원인은 아니었다. 사람들은 우리 사회의 시스템이 자신들의 마음을 아프게 만들고 있다고 생각하고 있었다. 구체적으로, 정부, 정치, 기업, 경제, 사회, 교육과 같은 사회적 시스템으로부터 자신이 배척되고 있다고 생각하였고, 그 결과 외로움, 불안 그리고 우울과 같은 심리적 통증을 경험하고 있는 것으로 나타났다.

흥미로운 것은, 참여자들은 자신들이 인간관계보다는 사회 시스템으로부터 더 크게 배척당하고 있다고 생각하였다는 것이었다. 즉, 참여자들의 마음을 아프게 만들었던 주된 요인은 친구, 형제/자매, 어머니, 동료, 아버지, 연인이 아니었다. 그들은 자신이 속한 사회의 정부, 정치, 기업, 경제, 사회, 교육 시스템으로부터 더 크게 배척당하고 있고, 그 결과 마음이 아프다고 보고한 것이다.

이 연구 결과는 인간관계가 유발하는 배척뿐만 아니라 사회적 시스템이 유발하는 배척이 구성원의 심리적 통증을 유발할 수 있다는 것을 보여 준다. 또한, 사회적 시스템이 유발하는 배척의 강도와 심리적 통증이 우리가 생각한 것보다 심각한 수준이라는 것을 보여 준다. 따라서 사회적 배척과 이로 인한 심리적 통증 문제에 대한 해결책을 찾기 위해서는 인간관계에서 유발되는 배척의 문제뿐만 아니라 사회적 시스템에 의해서 유발되는 배척 문제에 대한 이해와 연구가 필요하다.

에필로그:
사회적 배척과 사회적 불안

사회적 배척은 인간이 가지고 있는 본능적 욕구인 소속에 대한 욕구를 위협한다. 사회적 배척은 인지적 기능을 손상시키고, 자기조절 능력과 동기를 약화시킨다. 또한, 사회를 아름답게 만들 수 있는 친사회적인 행동은 감소시키고, 사회를 위험에 빠뜨릴 수 있는 공격성과 폭력성은 증가시킨다. 따라서 사회적 배척은 단순히 배척당한 개인의 심리적 통증을 증가시킬 뿐만 아니라, 사회 전체의 불안과 위험을 증가시킨다. 사회적 배척으로 인해 개인이 경험하게 되는 심리적 통증이 사회적 수준의 통증을 유발할 수 있는 것이다. 사회적 배척과 이로 인한 심리적 통증의 문제가 개인적이면서 동시에 사회적 문제인 이유가 여기에 있다. 사회적으로 배척당한 개인이 많아질수록 그 사회는 불안하고 위험해진다. 따라서 배척당하느냐 수용되느냐에 따라 개인의 미래가 달라지고 우리 사회의 미래도 달라지게 된다.

참고문헌

김남희(2016). 사회적 배척이 권력 추구와 소비에 미치는 영향: 성차의 역할을 중심으로. 충남대학교 박사학위논문.

김혜림, 전우영(2021). 물리적 따뜻함이 심리적 따뜻함에 미치는 영향. 2021한국코칭심리학회 동계학술대회논문집, 144-145.

류혜진, 김남희, 전우영(2021). 허그가 소속감에 미치는 영향. 2021 한국코칭심리학회 동계학술대회논문집, 146-147.

신현지, 신고은, 장근영, 전우영(2020). 인간관계와 사회시스템이 심리적 통증에 미치는 영향. 한국심리학회지: 건강, 25(5), 1041-1058.

전우영(1999). 남, 북한 고정관념에 대한 탐색: 성 역할을 중심으로. 한국심리학회지: 사회 및 성격, 13(2), 219-232.

American pain society (1992). *Clinical Practice Guideline for Management of Pain in Osteoarthritis, Rheumatoid Arthritis, and Juvenile Chronic Arthritis*(2nd ed.). Glenview, IL: American pain Society.

Anan, R. L., & Barnett, D. (1999). Perceived social support mediates between prior attachment and subsequent adjustment: A study of urban African-American children. *Developmental Psychology, 35*, 1210-1222.

Asch, S. (1956). Studies of independence and conformity: A minority of one against a unanimous majority. *Psychological Monographs, 70*(Whole No. 416).

Bailenson, J. N., & Yee, N. (2005). Digital chameleons: Automatic assimilation of nonverbal gestures in immersive virtual environments. *Psychological Science, 16*, 814-819.

Bailey, M. T., Dowd, S. E., Galley, J. D., Hufnagle, A. R., Allen, R. G., & Lyte, M. (2011). Exposure to a social stressor alters the structure of the intestinal microbiota: implications for stressor-induced immunomodulation. *Brain, Behavior, and Immunity, 25*(3), 397-407.

Bargh, J. A., & Shalev, I. (2012). The substitutability of physical and social warmth in daily life. *Emotion, 12*(1), 154-162.

Baumeister, R. F. (1991). *Escaping the self: Alcoholism, spirituality, masochism, and other flights from the burden of selfhood.* New York: Basic Books.

Baumeister, R. F., & Leary, M. R. (1995). The need to belong: desire for interpersonal attachments as a fundamental human motivation. *Psychological Bulletin, 117*(3), 497-529.

Baumeister, R. F., DeWall, C. N., Ciarocco, N. J., & Twenge, J. M. (2005). Social exclusion impairs self-regulation. *Journal of personality and social psychology, 88*(4), 589.

Baumeister, R. F., Twenge, J. M., & Nuss, C. K. (2002). Effects of social exclusion on cognitive processes: anticipated aloneness reduces intelligent thought. *Journal of personality and social psychology, 83*(4), 817.

Bieri, D., Reeve, R. A., Champion, G. D., Addicoat, L., & Ziegler, J. B. (1990). The Faces Pain Scale for the self-assessment of the severity of pain experienced by children: -46-development, initial validation, and preliminary investigation for ratio scale properties. *Pain, 41*(2), 139-150.

Brewer, M. B. (2004). Taking the social origins of human nature seriously: Toward a more imperialist social psychology. *Personality and Social Psychology Review, 8*(2), 107-113.

Bruner, J. S., & Goodman, C. C. (1947). Value and need as organizing factors in perception. *Journal of Abnormal and Social Psychology, 42*, 33-44.

Buckley, K., Winkel, R., & Leary, M. (2004). Reactions to acceptance and rejection: Effects of level and sequence of relational evaluation. *Journal of Experimental Social Psychology, 40*, 14-28.

Carter-Sowell, A. R., Chen, Z., & Williams, K. D. (2008). Ostracism increases social susceptibility. *Social Influence, 3*(3), 143-153.

Carver, C. S., & Scheier, M. F. (1981). *Attention and self-regulation: A control theory approach to human behavior*. New York: SpringerVerlag.

Chartrand, T. L., & Bargh, J. A. (1999). The chameleon effect: The perception-behavior link and social interaction. *Journal of Personality and Social Psychology, 76*, 893-910.

Christensen-Szalanski, J. J. (1984). Discount functions and the measurement of patient's values: Women's decisions during childbirth. *Medical Decision Making, 4*, 47-58.

Cohen, S., Janicki-Deverts, D.,R. B., & Doyle, W. J. (2015). Does hugging provide stress-buffering social support? A study of susceptibility to upper respiratory infection and illness. *Psychological science, 26*(2), 135-147.

Cohen, S., Sherrod, D. R., & Clark, M. S. (1986). Social skills and the stress-protective role of social support. *Journal of Personality and Social Psychology*, *50*(5), 963-973.

Collins, S. M., Surette, M., & Bercik, P. (2012). The interplay between the intestinal microbiota and the brain. *Nature Reviews Microbiology, 10*(11), 735-742.

Danziger, N. & Willer, J. C. (2005). Tension-type headache as the unique pain experience of a patient with congenital insensitivity to pain. *Pain, 117*, 478-483.

Derfler-Rozin, R., Pillutla, M., & Thau, S. (2010). Social reconnection revisited: The effects of social exclusion risk on reciprocity, trust, and general risk-taking. *Organizational Behavior and Human Decision Processes, 112*(2), 140-150.

DeWall, C. N., & Baumeister, R. F. (2006). Alone but feeling no pain: Effects of social exclusion on physical pain tolerance and pain threshold, affective forecasting, and interpersonal empathy. *Journal of Personality and Social Psychology, 91*(1), 1-15.

DeWall, C. N., MacDonald, G., Webster, G. D., Masten, C. L., Baumeister, R. F., Powell, C., …… & Eisenberger, N. I. (2010). Acetaminophen reduces social pain behavioral and neural evidence. *Psychological science. 21*(7) 93-937.

Dyer, R. F. (1980). Contributions of volunteer time: Some evidence on income tax effects. *National Tax Journal, 33*, 89-93.

Eisenberger, N. I. (2012). The pain of social disconnection: examining the shared neural underpinnings of physical and social pain. *Nature Reviews Neuroscience, 13*(6), 421-434.

Eisenberger, N. I., Gable, S. L., & Lieberman, M. D. (2007). Functional magnetic resonance imaging responses relate to differences in real-world social experience. *Emotion, 7*(4), 745-754.

Eisenberger, N. I., Lieberman, M. D., & Williams, K. D. (2003). Does rejection hurt? An fMRI study of social exclusion.

Science, 302(5643), 290-292.

Eisenberger, N. I., Way, B. M., Taylor, S. E., Welch, W. T., & Lieberman, M. D. (2007). Understanding genetic risk for aggression: clues from the brain's response to social exclusion. *Biological psychiatry, 61*(9), 1100-1108.

Forsell, L. M., & Åström, J. A. (2012). Meanings of hugging: From greeting behavior to touching implications. *Comprehensive Psychology, 1*, 2-17.

Garbarino, J. (1999). *Lost boys: Why our sons turn violent and how we can save them*. San Francisco: Jossey-Bass.

Gardner, W. L., Pickett, C. L., & Brewer, M. B. (2000). Social exclusion and selective memory: How the need to belong influences memory for social events. *Personality and Social Psychology Bulletin, 26*(4), 486-496.

Gest, S. D., Graham-Bermann, S. A., & Hartup, W. W. (2001). Peer experience: Common and unique features of number of friendships, social network centrality, and sociometric status. *Social Development, 10*, 23-40.

Gunnar, M., & Quevedo, K. (2007). The neurobiology of stress and development. *Annual Review of Psychology, 58*, 145-173.

Harlow, H. F., & Zimmerman, R. R. (1959). Affectional response in the infant monkey. *Science, 130*, 421-432.

Iacoboni, M. (2005). Understanding others: Imitation, language, empathy. In S. Hurley & N. Chater (Eds.), *Perspectives on imitation: From mirror neurons to memes* (Vol. 1, pp. 77-100). Cambridge, MA: MIT Press.

Iacoboni, M., Woods, R. P., Brass, M., Bekkering, H., Mazziotta, J. C., & Rizzolatti, G. (1999). Cortical mechanisms of human imitation. *Science, 286*, 2526-2528.

IJzerman, H., Gallucci, M., Pouw, W. T., Weiβgerber, S. C., Van Doesum, N. J., & Williams, K. D. (2012). Cold-blooded loneliness: Social exclusion leads to lower skin temperatures. *Acta Psychologica, 140*(3), 283-288.

Jiang, H., Linga, Z., Zhang, Y, Mao, H., Ma, Z., …… & Ruan, B. (2015). Altered fecal microbiota composition in patients with major depressive disorder. *Brain, behavior, immunity, 48*, 186-194.

Kim C. S., Shin, G-E., Cheong, Y. Cha, L., Shin, D. M., & Chun, W. Y. (2001). *Psychological pain from social exclusion and gut microbiome profiles*. Manuscript submitted for publication. Chungnam National University.

Knowles, S. R., Nelson, E. A., & Palombo, E. A. (2008). Investigating the role of perceived stress on bacterial flora activity and salivary cortisol secretion: a possible mechanism underlying susceptibility to illness. *Biological Psychology*, 77(2), 132-137.

Lakin, J. L., & Chartrand, T. L. (2005). Exclusion and nonconscious behavioral mimicry. In K. D. Williams, J. P. Forgas, & W. von Hippel (Eds.), *The social outcast: Ostracism, social exclusion, rejection, and bullying* (pp. 279-296). New York: Psychology Press.

Lakin, J. L., Chartrand, T. L., & Arkin, R. M. (2008). I am too just like you nonconscious mimicry as an automatic behavioral response to social exclusion. *Psychological Science, 19*(8), 816-822.

Leary, M. R., & Springer, C. A. (2001). *Hurt feelings: The neglected emotion. In R. Kowalski* (Ed.), *Aversive behaviors and interpersonal transgression* (pp. 151-175). Washington, DC: American Psychological Association.

Leary, M. R., Kowalski, R. M., Smith, L., & Phillips, S. (2003). Teasing, rejection, and violence: Case studies of the school shootings. *Aggressive Behavior: Official Journal of the International Society for Research on Aggression, 29*(3), 202-214.

Lee, J., & Shrum, L. J. (2012). Conspicuous consumption versus charitable behavior in response to social exclusion: A differential needs explanation. *Journal Of Consumer Research, 39*(3), 530-544.

Loewenstein, G. (1996). Out of control: Visceral influences on behavior. *Organizational Behavior and Human Decision Processes, 65*, 272 - 292.

Loveland, K. E., Smeesters, D., & Mandel, N. (2010). Still preoccupied with 1995: The need to belong and preference for nostalgic products. *Journal of Consumer Research, 37*(3), 393-408.

Lyte, M. (2011). Probiotics function mechanistically as delivery vehicles for neuroactive compounds: microbial endocrinology in the design and use of probiotics. *Bioessays, 33*(8), 574-581.

MacDonald, G., & Leary, M. R. (2005). Why does social exclusion hurt? The relationship between social and physical pain. *Psychological Bulletin, 131*(2), 202-223.

Maner, J. K., DeWall, C. N., Baumeister, R. F., & Schaller, M. (2007). Does social exclusion motivate interpersonal reconnection? Resolving the "porcupine problem". *Journal of Personality and Social Psychology, 92*(1), 42-55.

Mayer, E. A. (2011). Gut feelings: the emerging biology of gut-brain communication. *Nature Reviews Neuroscience, 12*(8), 453-466.

McClelland, D. C. (1987). *Human Motivation*. New York: Cambridge University Press.

Mead, N. L., Baumeister, R. F., Stillman, T. F., Rawn, C. D., & Vohs, K. D. (2011). Social exclusion causes people to spend and consume strategically in the service of affiliation. *Journal of Consumer Research, 37*(5), 902-919.

Molden, D. C., Lucas, G. M., Gardner, W. L., Dean, K., & Knowles, M. L. (2009). Motivations for prevention or promotion following social exclusion: Being rejected versus being ignored. *Journal of Personality and Social Psychology, 96*, 415-431.

Nordgren, L. F., Banas, K., & MacDonald, G. J. (2011). Empathy gaps for social pain: Why people underestimate the pain of social suffering. *Journal of Personality and Social Psychology, 100*(1), 120-128.

Pickett, C. L., Gardner, W. L., & Knowles, M. L. (2004). Getting a cue: The need to belong and enhanced sensitivity to social cues. *Personality and Social Psychology Bulletin, 30*, 1095-1107.

Qin, J., Li, R., Raes, J., Arumugam, M., Burgdorf, K. S., Manichanh, C., …… & Weissenbach, J. (2010). A human gut microbial gene catalogue established by metagenomic sequencing. *Nature, 464* (7285), 59-65.

Rainville, P., Duncan, G. H., Price, D. D., Carrier, B., & Bushnell, M. C. (1997). Pain affect encoded in human anterior cingulate but not somatosensory cortex. *Science, 277*, 968-971.

Richman, A. (1985). Human risk factors in alcohol-related crashes. *Journal of Studies on Alcohol, 10*, 21-31.

Romig, C., & Bakken, L. (1992). Intimacy development in middle adolescence: Its relationship to gender and family cohesion and adaptability. *Journal of Youth and Adolescence, 21*, 325-338.

Sampson, R. J., & Laub, J. H. (1993). Structural variations in juvenile court processing: Inequality, the underclass, and social control. *Law and Society Review*, 285-311.

Schonert-Reichl, K. A. (1999). Relations of peer acceptance, friendship adjustment, and social behavior to moral reasoning during early adolescence. *The Journal of Early Adolescence, 19*(2), 249-279.

Srull, T. K., & Wyer, R. S. (1979). The role of category accessibility in the interpretation of information about persons. some determinants and implications. *Journal of Personality and Social Psychology, 37*, 1660-1672.

Sumioka, H., Nakae, A., Kanai, R., & Ishiguro, H. (2013). Huggable communication medium decreases cortisol levels. *Scientific reports, 3*(3034).

Tanner, R., & Chartrand, T. L., & van Baaren, R. (2006). *Strategic mimicry in action: The effect of being mimicked by salesperson on consumer preference for brands.*

Manuscript submitted for publication, Duke University.

Twenge, J. M., Baumeister, R. F., DeWall, C. N., Ciarocco, N. J., & Bartels, J. M. (2007). Social exclusion decreases prosocial behavior. *Journal of Personality and Social Psychology, 92*, 56-66.

Twenge, J. M., Baumeister, R. F., Tice, D. M., & Stucke, T. S. (2001). If you can't join them, beat them: effects of social exclusion on aggressive behavior. *Journal of Personality and Social Psychology, 81*(6), 1058-1069.

van Baaren, R. B., Holland, R. W., Steenaert, B., & van Knippenberg, A. (2003). Mimicry for money: Behavioral consequences of imitation. *Journal of Experimental Social Psychology, 39*, 393-398.

Vohs, K. D., Mead, N. L., & Goode, M. R. (2006). The psychological consequences of money. *Science, 314*(5802), 1154-1156.

Webber, M., & Huxley, P. (2004). Social exclusion and risk of emergency compulsory admission. A case-control study. *Social Psychiatry and Psychiatric Epidemiology, 39*(12), 1000-1009.

Williams, K. D. (2001). Ostracism: *The power of silence*. New York: Guilford Press.

Williams, K. D. (2007). Ostracism. *Annual review of psychology,*

58, 425-452.

Williams, K. D., Cheung, C. K., & Choi, W. (2000). Cyberostracism: Effects of being ignored over the Internet. *Journal of Personality and Social Psychology, 79*(5), 748-762.

Williams, K. D., Govan, C. L., Croker, V., Tynan, D., Cruickshank, M., & Lam, A. (2002). Investigations into differences between social-and cyberostracism. *Group Dynamics: Theory, Research, and Practice, 6*(1), 65-77.

Williams, L. E., & Bargh, J. A. (2008). Experiencing physical warmth promotes interpersonal warmth. *Science, 322*, 606-607.

Zadro, L., Williams, K. D., & Richardson, R. (2004). How low can you go? Ostracism by a computer is sufficient to lower self-reported levels of belonging, control, self-esteem, and meaningful existence. *Journal of Experimental Social Psychology, 40*(4), 560-567.

Zhong, C.-B., & Leonardelli, G. J. (2008). Cold and lonely: Does social exclusion literally feel cold? *Psychological Science, 19*, 838 - 842.

Zhou, X., Vohs, K. D., & Baumeister, R. F. (2009). The symbolic power of money reminders of money alter social distress and physical pain. *Psychological Science, 20*(6), 700-70.

저자 소개

저자 **전우영**(Chun, Woo Young)은 사회심리학자다. 연세대학교 심리학과에서 박사학위를 마치고, 첫 직장인 메릴랜드 대학교(University of Maryland, College Park) 심리학과에서 5년간 전임연구원으로 근무했다. 지금은 대전에서 학생들과 함께 사회심리학의 통찰과 지혜를 발견하는 기쁨을 누리고 있다.

주된 연구 관심사는 사회적 상황에서 마음과 행동의 오류가 발생하는 이유를 밝혀내고, 이를 감소시킬 수 있는 방안을 찾는 것이다. 한국심리학회 학술상(2016), 제일기획학술상(한국광고학회, 2014), 그리고 Best Competitive Paper Award(Association for Consumer Research Conference, 2004) 등을 수상했다.

지금까지 사회심리학 분야 최고 권위의 학술지인 *Journal of Personality and Social Psychology*에 제1저자로 발표한 3편의 논문을 포함해서 약 50여 편의 논문을 사회심리학 분야의 국내외 저명 학술지에 발표하였다. 『한국심리학회지: 일반』과 『한국심리학회지: 사회 및 성격』의 편집위원장으로도 활동했다. 주요 저서로는 『심리학의 힘 P』(2010년)와 『무의식의 심리학, 점화』(2020)가 있다.

2020년 교육부가 발표한 한국형 온라인 공개강좌 케이무크(K-MOOC) 만족도 조사 결과에서 저자가 강의하는 '심리학 START'가 2019년에 개설된 총 745개 강좌 중 만족도 1위인 것으로 확인됐다.

사회적 배척과 심리적 통증

Social Exclusion and Psychological Pain

2021년 4월 20일 1판 1쇄 인쇄
2021년 4월 30일 1판 1쇄 발행

지은이 • 전우영
펴낸이 • 김진환
펴낸곳 • (주) 학지사
04031 서울특별시 마포구 양화로 15길 20 마인드월드빌딩
대표전화 • 02)330-5114 팩스 • 02)324-2345
등록번호 • 제313-2006-000265호

홈페이지 • http://www.hakjisa.co.kr
페이스북 • https://www.facebook.com/hakjisabook

ISBN 978-89-997-2430-5 93180

정가 11,000원